CIPANGO

CIPANGO

Tomás Harris

Translated by Daniel Shapiro

Lewisburg
Bucknell University Press

Associated University Presses
2010 Eastpark Boulevard
Cranbury, NJ 08512

The paper used in this publication meets the requirements of the American National Standard for Permanence of Paper for Printed Library Materials Z39.48-1984.

Library of Congress Cataloging-in-Publication Data

Harris, Tomás, 1956–
  [Cipango. English]
  Cipango / Tomas Harris ; translated by Daniel Shapiro.
    p. cm.
  ISBN 978-0-8387-5734-5 (alk. paper)
  I. Shapiro, Daniel, 1955– II. Title.

  PQ8098.18.A68C5513   2010
  861'.64—dc21

2009010970

The publisher gratefully acknowledges The Reed Foundation
for its support of this bilingual edition.

Todo lo narrado transcurre
en las vedadas aguas cristalinas
del exclusivo coto de la mente

Everything narrated here takes place
in the crystalline, forbidden waters
of the mind's exclusive preserve.
—Carlos Germán Belli

Contents

Part II. Diario de navegación / Diary of Navigation

Part IV. Cipango / Cipango

Translator's Acknowledgments

Some of these translations have appeared in the *American Poetry Review* (cover, 1997), the *Atlanta Review* (2001), *BOMB* (2000), the *Brooklyn Rail* (2003), *Chelsea* (1999), *Grand Street* (1999), *Literal* (Summer 2007), *Marlboro Review* (1999), *Rattapallax* (2005), and *Review: Latin American Literature and Arts* (1993, 2002).

In addition to thanking Tomás Harris for all his support, inspiration, and friendship, I express my gratitude to Teresa Calderón for first introducing me to Tomás's work; to Arthur Vogelsang and David Bonanno for publishing a generous selection of my translations of Tomás's poems as the cover feature in *American Poetry Review;* and to Raúl Barrientos, Edith Grossman, Alfred Mac Adam, and Steven F. White for their incisive corrections to the translations and for helping me understand the book's Chilean context. I am grateful to the National Endowment for the Arts for awarding me with a fellowship to complete the translation. My thanks as well to Raquel Chang-Rodríguez for facilitating my contact with Bucknell University Press and, at Bucknell and Associated University Presses, Greg Clingham, Aníbal González, Christine Retz, and Julien Yoseloff. Finally, I thank my parents, Irving and Shulamith Shapiro; my partner, Marcos Gouvêa; and my good friend, Elizabeth Hellman; among others, for all their encouragement and belief in me during the long process of translating this singular book.

—D. S.

Introduction

Tomás Harris was born in 1956 in La Serena, north of Santiago, Chile. He later moved to Concepción, in the south, where he attended that city's university, organized literary conferences, and coedited the journal *Posdata*. During the latter years of the Pinochet dictatorship (1973–90), he wrote the five books of poems that would make up *Cipango* (1992), a work that documents the emotional tenor of that brutal time. Since the restoration of democracy in his country, Harris has produced other books of poems as well as a short-story collection, and has won numerous literary prizes in Chile and elsewhere in Latin America, including the Neruda and Altazor awards and the Casa de las Américas prize. He presently lives and works in Santiago.

Cipango, perhaps Harris's most important work to date, employs the metaphor of a journey. Throughout the book, the poems allude to the voyage of Columbus, who believed that he'd reached the Far East, not the Americas (concluding, for example, that the island of Hispaniola was Japan, or "Cipango"). Building on that mistaken historical premise, *Cipango* comments on the oppressive legacy of colonialism in Latin America—a legacy manifested in Chile in the twentieth century through the military coup and ensuing dictatorship there. Many of the poems in fact take place in a post-Conquest "city at the southern end of the world" peopled by prostitutes, Indians, and others forced into submission by those in power, who are in turn the victims of their own greed and lust. *Cipango*'s collective setting is one where torture and disappearances are perpetrated with impunity—a trademark of Pincohet-era Chile—graphically brought to the fore in poems such as "Orompello" II, III, and IV, "The Bodies on the Wall," and "How the Khan Keeps a Regiment of Twelve Thousand Men." The collective voice expresses a combination of fear, displacement, disassociation, and despair resulting from a clash of worlds, past and present, in the poems. Broadly speaking, *Cipango* functions as a metaphor for the violence and degradation of contemporary urban society. Harris's vision is one of a decadent, apocalyptic world—a dead end to Columbus's voyage, as it were—that nonetheless contains the possibility for regeneration, where "the water of myths and dreams" can "stanch the purple stains from our bodies / with the cleanliness of a new human form" ("Vacant Lot").

In terms of its formal elements, *Cipango* is characterized by obsessive imagery and refrains; juxtapositions of contemporary and archaic language as well as of incongruous settings ranging over time and place; the use of irony; and a dark, at times lugubrious, tone. Many of the poems are laid out in short and long lines, creating a jagged, disconcerting effect that reinforces both content and tone. The speaker addresses or embodies personages such as Christopher Columbus, Marco Polo, and the Great Khan, and makes references to a panoply of sources that both enrich and complicate the text—including Columbus's diaries, Quevedo, Genet, Carpentier, Bram Stoker's *Dracula*, the Holocaust, *Goldfinger*, and Billie Holiday. "Aurelia," the sensuous protagonist of Nerval's surrealistic novel, floats in and out of the poems. The book's multiple sections—from the opening "Danger Zones" to the concluding "Cipango"—build upon and culminate the theme of the journey. In that respect, *Cipango*'s formal and structural elements produce the cumulative effect of an epic poem.

My first exposure to Tomás Harris's work was in November 1993, when I heard him read his work at the Americas Society in New York and became drawn to the texts in *Cipango*. Soon afterward, I began translating that book. I realized early on that the collection reads and functions as one long poem rather than as a compilation of discrete sections. Thus all its formal elements—voice, image, rhythm, even point of view and the lengths of respective poems—as well as its themes combine to produce a work that resounds symphonically and universally, even if undercut by an irony (i.e., the mistaken premise that fueled Columbus's voyage) at the heart of the book. The epic length, tone, and theme informed my approach to the overall language I employed in the translation as a whole, resulting in an idiom that suggests the grand scale and choral quality of the book.

Translating *Cipango* has been an inspiring as well as challenging experience. While I can cite some of the challenges—the unexpected shifts in diction; local, at times obscure, references to Chilean history from the colonial period to the time of the dictatorship; and the utter strangeness of some of the images (strips of mud, suns wrapped in cellophane, will o' the wisps, vacant lots, Bellmer dolls, blue rats)—I must also underscore my immediate attraction to the poetic voice, which is dark, obsessive, and rhythmic and which seduced me, as it were, into its realm. That voice kept me anchored throughout the process of translation, from "Diary of Fear Sealed in a Bottle," the first poem I translated, to "Poiesis of the Better Life," the stunning

14

piece that concludes the collection. The voice is exemplified by the repeating words and rhythm in the opening lines of the very first poem that opens *Cipango:*

> Just like long and narrow strips of mud
> Just like long and narrow strips of night
> Just like long and narrow strips of red moss
> on the skin . . .

("Danger Zones")

As I searched for the right English equivalents for words and phrases in Spanish, I let myself be guided by the music of the original language—a music tempered by occasional vernacular terms (*mierda, puta,* and *verga,* to name a few), which I usually translated literally but other times not (e.g., "puta" became "whore" when used as a noun, "fucking" when used as an adjective, as in "this fucking island"). Repeating words or images presented their own challenges. In translating "mariposa nocturna," for example, instead of using "moth," I opted for "nocturnal butterfly," less compact but—as in the Spanish— more mysterious and elegant. While I strove for consistency in how I translated others, these varied depending upon context or tone. I rendered "historia" as either "story" or "history"—using the latter, in particular, in the poem "Orompello II," which makes use of geologic time as a controlling concept—and "falso" as "fake" when the noun-adjective combination suggested tawdriness ("fake gold" or "fake ghost train") or as "false" when the tone or diction was elevated ("on the falseness of the seventh day of destruction"). The word "puro" presented the greatest challenge—at times signifying "pure," at others "only" or "just." According to the author, the word carries shades of meaning that cannot be reproduced in English, so I translated it on a case-by-case basis.

As far as finding appropriate expression for archaic usage sprinkled throughout the collection, I turned to translations of fifteenth- and sixteenth-century texts, such as Columbus's diaries, and of course to Shakespeare, to help me capture the spirit and texture of Renaissance English. Thus, "Mar del dolorido sentir" became "Sea of Piteous Pains"; "era hermosa según la fermosura de la tierra" became "she was fair as this land" ("Goldfinger"); and "Allí me dentenía en aquella mar fecha sangre, / herbiendo como caldera por gran fuego" became "I lingered on that sea made of blood, / seething like a cauldron on a mighty fire" ("Ocean of Storms"). I used unconventional capitalization as another means of suggesting old Spanish: "destas tierras" became "from These lands."

15

My commitment to translating *Cipango* grew out of my admiration for the Chilean poetic tradition—a tradition that has produced such greats as Vicente Huidobro, Gabriela Mistral, Pablo Neruda, and Nicanor Parra. Tomás Harris's poems seem, at least to me, entirely different from those of his forebears—they don't celebrate or lament like Neruda's or Mistral's and they aren't playful like Parra's or Huidobro's. Rather, they challenge, bear witness, leave the reader with the darkness of a question: "What will happen after all this?" ("Poiesis of the Better Life"). *Cipango* inspired me through its innovative language and because of its relevance to Chile's history and its universal themes. It is a Chilean and Latin American book but also a contemporary work that speaks to our time.

—Daniel Shapiro, July 2008

*   *   *

The original text from which I began translating *Cipango* was published in 1992 by Ediciones Documentas/Ediciones Cordillera, in Santiago and Ottawa. It was republished in 1996 by Fondo de Cultura Económica; I subsequently revised my translation according to the FCE edition. During the later stages of compilation, the author and I agreed that the manuscript would be best served by editing out approximately ten poems from throughout the collection, most of them shorter, more fragmentary pieces. In addition, the first two sections, entitled "Danger Zones" and "The Shape of the Walls," were, in this edited version, compressed into one, titled "Danger Zones." I believe that these edits helped eliminate repetition throughout the book and underscore the poetry's lyricism and rhythm. I have maintained the original punctuation in the translations except to add or eliminate the odd comma or semicolon. I have also tried to remain faithful to the line breaks in the original poems, although the reader will notice some variation, owing to differences in syntax between Spanish and English. In the original poems, English-language words and titles of works at times appear in italics, other times not; in the translated poems, I have generally set them in italics.

CIPANGO

I
Zonas de peligro / **Danger Zones**

Orompello. Orompello.

El viaje mismo es un absurdo. El colmo es alguien
que se pega a su musgo de Concepción al sur de las estrellas.

Orompello. Orompello.

The voyage itself is absurd. The living end is someone
who clings to his moss from Concepción south of the stars.
—Gonzalo Rojas

La vida a veces toma la forma de los muros.

Sometimes Life takes the shape of walls.
—Efraín Barquero

Zonas de peligro

Así como largas y angostas fajas de barro
Así como largas y angostas fajas de noche
Así como largas y angostas fajas de musgo rojo
sobre la piel.

Las zonas de peligro son ininteligibles. O las
prefigura un rojo disco de metal,
símbolo de un sol mohoso al fondo de una calle desmembrada,
meado por los perros.

Las zonas de peligro son inevitables; te rodean
el cuerpo en silencio,
en silencio te lamen la oreja,
en secreto te revuelven el ojo,
sin el menor ruido te besan el culo
y los escasos letreros de neón ocultan su única identidad:
CAMPOS DE EXTERMINIO.

Danger Zones

Just like long and narrow strips of mud
Just like long and narrow strips of night
Just like long and narrow strips of red moss
on the skin.

The danger zones are unintelligible. Or
they're prefigured by a red metal disk,
symbol of a moldy sun pissed on by dogs,
at the end of a dismembered street.

The danger zones are inevitable; they surround
your body in silence,
in silence they lick your ear,
in secret they stir your eyes,
without the least sound they kiss your ass
and meager neon signs hide their true identity:
EXTERMINATION CAMPS.

Zonas de peligro

Una copa de árbol aguada
cuya frondosidad es el miedo
y los reflejos rojos entre las ramas
no son frutas
          ni flores que se pudren en invierno
de muerte natural
                    tal vez una ruina o el recuerdo
de un semáforo que no termina nunca de parpadear
en la memoria
          en el deseo
                    la lumbre del cigarillo
que es fatalmente alguien que refleja el rojo de su
mirada de charco en charco el rojo de su mirada
el rojo rojo de un iris
                    cuya prehistoria fue azul
cuya prehistoria fue verde
una copa de arbol aguada
cuya frondosidad era simplemente el follaje.

Danger Zones

A rain-soaked treetop
whose foliage is fear
and the red reflections among its branches
are neither fruits
      nor flowers that rot in winter
from a natural death
        maybe a ruin or the memory
of a traffic light endlessly blinking
in memory
    or desire
        the glow of a cigarette
that is fatally someone who reflects his red
gaze pool to pool his red gaze
the red red of an iris
        whose prehistory was blue
whose prehistory was green
a rain-soaked treetop
whose foliage was simply leaves.

Yugo Bar

Todos los hombres
reflejados en los espejos del Yugo Bar
toman de bruces sobre el mesón
de tevinil y ceniza:
asomadas brillantes a los lamparones cerveza
y vino
niñas amarillas de saliva refractadas,
pupilas violentas, violetas o rojas,
atisban
       desde el fondo de los vasos:
ahora uno de los hombres mira,
vuelve la cara y mira,
como cualquier rostro extraño,
como un ahogado emergiendo empapado
desde el fondo del espejo
                que refleja
a nosotros tú el demente
el nino rapado el otro
              ese hombre
enmascarado en un viejo
con gusto a papas crudas
en la lengua.

Yugo Bar

All the men
reflected in the Yugo Bar's mirrors
drink collapsed on the table
of formica and ash:
peering brightly from beer and
wine stains
little yellow irises refracted by saliva,
violent pupils, violet or red,
spy
      from the bottoms of glasses:
now one of the men looks,
turns and looks,
like any strange face,
like a drowned man who emerges dripping wet
from the depths of the mirror
                    that reflects
us you the demented one
the shaved urchin the other
                that guy
disguised as an old man
with the taste of raw potatoes
on his tongue.

Orompello I

Un disco Pare es un ojo; una sangrienta córnea de latón.
Orompello es un puro símbolo echado sobre la ciudad.
Y las putas no tienen la culpa.
Sólo cumplían con su deber.
El otro día nomás esperaba micro en la esquina del
baldío y oí una voz que me decía: "ven y mira".
Miré, y no había más que un caballo amarillo al tranco
por sobre la calle adoquinada.
Y un espejismo las putas vestidas de ropas blancas,
y un espejismo los eriazos floreciendo;
repito, mientras esperaba micro en la esquina del baldío.
No me van a decir ahora que Orompello es un puro símbolo
echado sobre la ciudad
y las casas siete casas con puertas de oro
y las putas siete putas vestidas con ropas blancas.

Orompello I

A stop sign is an eye; a bloody cornea made of tin.
Orompello street is only a symbol rolled over the city.
It's not the whores' fault.
They were only doing their duty.
Just the other day, waiting for a bus at the corner by the
vacant lot I heard a voice say "come and look."
When I looked, nothing was there but a yellow horse
galloping over the paving stones.
And a mirage the whores dressed in white,
and a mirage the vacant lots in bloom;
Like I said, waiting for a bus at the corner by the vacant lot.
Don't try to tell me now that Orompello street is only a symbol
rolled over the city
and the houses seven houses with gold doors
and the whores seven whores dressed in white.

Orompello II

Orompello data del Paleolítico Superior de la ciudad.
El amor se ha sedimentado sobre cada geología de muro
negro, ocre, café; estos cuerpos inmóviles en las esquinas
ya habían sido pintados sobre los muros,
cuero sobre estuco, hueso sobre adobe, pintura sobre carne
viva: para contagiarnos de amor datan sus llamados
o ecos del deseo y la magia simpática de cada culo de tiza,
de cada pecho de látex aguardaron en silencio, como
todo amor verdadero, agujereando de lóbrego amor cada muro.
Pero hubo muertes en Orompello. Y el sedimento de la
muerte se sobrepuso al sedimento del amor,
y el cuerpo de las vivas se confundió con el cadáver
de las muertas,
y los signos contagiados de amor se confundieron con los
signos contagiados de violencia.
Cada muro separa a los cuerpos del peligro. Pero cada
cuerpo detenido en una esquina, cada cuerpo cayendo
a media cuadra como un planeta traposo de medias negras
era un contagio de amor para Orompello. La historia de
Orompello es larga. Se confunde con las eras de los cuerpos
con la geología de los muros, con las oquedades de las
vulvas de las que ya se fueron al otro mundo.
Una de las putas muertas sedimentará en los adoquines
y ya no tendrá historia;
los adoquines sedimentarán en asfalto o aluminio
y ya no tendrán historia;
y no habrá historia final para Orompello
que data del Paleolítico Superior de la ciudad,
cuando la Cruz del Sur se veía brillante justo arriba
del lumínico rojo
de la Tropicana
y otro era el mismo cuerpo horadado entre el barro agreste,
contagiándose de mal amor las carnes oscuras gimentes
partidas abiertas refregadas espoleados
los cuerpos que sedimentaron
cuero sobre estuco, hueso sobre adobe, pintura sobre carne
viva: y ya no habrá historia final para estas mujeres
que datan del Paleolítico Superior de la ciudad.

Orompello II

Orompello street dates from the Upper Paleolithic of the city.
Love has sedimented over every geologic stratum of the black,
ocher, coffee-colored walls; these immobile bodies on the corners
were already painted on the walls,
skin over stucco, bone over adobe, paint over raw
flesh: to infect us with love they date their calls
or echoes of desire and the sympathetic magic of every chalk-drawn ass,
every silicone breast they awaited like all true love does,
in silence, piercing the walls with lugubrious love.
But there were deaths on Orompello street. And Death
sediment overlaid Love sediment,
and the body of live women mingled with the corpse
of dead women,
and signs infected by love mingled with
signs infected by violence.
Every wall protects bodies from danger. But every
body standing on a corner, every body falling
half a block away like a ragged planet in black stockings
was for Orompello street a contagion of love. The history of
Orompello street is long. It mingles with the ages of bodies,
with the walls' geology, with the hollow
vulvas of those who've left for the next world.
One of the dead whores will sediment into paving stones
and will no longer have a history;
the paving stones will sediment into asphalt or aluminum
and will no longer have a history;
and there will be no final history for Orompello street
which dates from the Upper Paleolithic of the city,
when the brilliant Southern Cross shone just above
the luminous red
of the Tropicana
and that same body riddled in harsh mud was a different one,
dark groaning flesh , split open, fondled, spurred,
infected by evil love,
the bodies that sedimented
skin over stucco, bone over adobe, paint over raw
flesh: and there will no longer be a final history for these women
who date from the Upper Paleolithic of the city.

Orompello III

Como todo transcurría en Orompello estábamos protegidos
por la ficción; como en Goldfinger la habían pintado
de dorado, toda entera.
Yo creí que eran aros esos, pero eran prolongaciones de
sus lóbulos,
colinas orgánicas
como lágrimas.
El derrotero de su cuerpo llegaba al final,
al final del cemento,
al final del mismo crepúsculo
detenido en un instante orgánico
como el agua proliferando inmóvil en los charcos.
Y toda ella, Jacqueline dorada, reflejos y refracciones,
acumulando luz en su muerte desvaída de boleros
y acordeones,
trémula de casi nada, lo digo, tan sólo del espacio expuesto
de los baldíos.
FEROZ ACTO DE SODOMIA —dirá en los diarios—
pero juro que toda ella estaba dorada,
a brocha gorda,
y seguramente no dirán
que sus tetitas de perra joven
ahora caen como ubres de vaca vieja
en un desmoronamiento cutáneo como de tiempo
estancado y del color de la tierra
del color de los baldíos
del color de los desfloramientos clandestinos
del color de un cuerpo tachado
acá al Sureste de la ciudad
a la hora de la amenaza.

Orompello III

Since everything was happening on Orompello street, we were
    protected
by the fiction; just like in *Goldfinger* they'd painted her
body, all of her, gold.
I thought they were earrings, but they were extensions of
her lobes,
organic hills
like tears.
Her body's course reached the end,
the end of the pavement
the end of dusk itself
stopped in an organic instant
like stagnant water breeding in pools.
And all of her, golden Jacqueline, reflections and refractions,
accumulating light from boleros and accordions
in her tarnished death,
trembling at almost anything, I tell you, even the exposed space
of the vacant lots.
BRUTAL ACT OF SODOMY, the papers will say,
but I swear she was all gilded,
sloppily painted,
and they surely won't say
that her young bitch's tits
now fall like the udders of an old cow
skin crumbling like stagnant
time, the color of earth
the color of vacant lots
the color of secret deflowerings
the color of a body crossed out
here, southeast of the city
at the hour of threat.

Orompello IV

Como toda esta historia transcurre en Orompello,
tranquilos, es una muñeca de trapo
ese bulto arrebolado de crepúsculo y pringoso
tirado en cueros sobre los peñascos sucios de la calle.
Pero ahora fíjense que las costillas parecen haberse
enraizado a los peñascos sucios de la calle,
donde está tirada como a dormir.
Así desnuda se diría que ya nomás le vendrían
los deseos del amor;
pero ahora fíjense que las costillas
ya parecen haberse enraizado sobre los peñascos sucios
de la calle donde está tirada como a dormir.
Así desnuda se diría que sueña con el pasto
con el sol con una fruta roja. Pero no.
Ahora fíjense en el milagro oscuro de las costillas
entrando a la fuerza en los peñascos sucios
donde la tiraron a dormir
hasta echar raíces.

Orompello IV

Since this whole story takes place on Orompello street,
relax, it's a ragdoll
that greasy bundle reddened by dawn
thrown stark naked over the street's dirty cliffs.
But look closely now at her ribs; they seem
rooted in the street's dirty cliffs,
where she is thrown as if to sleep.
Naked like that, you might think that love's desires
will soon be arousing her;
but look closely now at her ribs,
they already seem rooted in the dirty cliffs
on the street where she is thrown as if to sleep.
Naked like that you might think she's dreaming of grass
of the sun of a red fruit. But no.
Look closely now at the dark miracle of her ribs
pushing into the dirty cliffs
where they threw her to sleep
until she took root.

Orompello V

En Orompello jamás sabremos si fue verdad:
descubrir todas las noches la herida más sangrienta
bajo el sol de 40 wattios envueltos en celofán rojo
como la misma estupefacción
de un idiota ante el mar
como ante un charco de lluvia.

Orompello V

On Orompello street we'll never know if it was true:
that every night the bloodiest wound was found
beneath a 40-watt sun wrapped in red cellophane
with the same stupefaction
of an imbecile facing the sea
as if he were facing a puddle of rain.

Hotel King I (Genet)

Una última bombilla ilumina los cristales, esta transparencia.
La muerte está atenta —me señalas:
vivo el ojo al charqui —y me sonríes.
Esta negra con un dedo en los labios incita al silencio
y en los muros, en los vértices, resplandecen nuestros deseos.
Estamos en el Hotel King
en el centro mismo de las orgías de tu corazón.
Y ella es un solo ojo al fondo de una pieza larga.
El agua, afuera, está inmóvil en las charcas.
Nuestros cuerpos se menean, pero apenas se nota para no
espantarla.
Ahora ella entra en escena.
Sus muslos son tibios y aguijan mis ijares.
Hago un esfuerzo para no dar coces y relinchar.

Hotel King I (Genet)

A final bulb lights the windows, this transparence.
"Death is attentive," you point out to me:
"her eye fixed on her prey," and you smile at me.
Esta negra incites silence with a finger to her lips
and on the walls, in the corners, our desires shine.
We're in the Hotel King
right in the center of your heart's orgies.
And she's a single eye at the far end of a long room.
The water outside stands in pools.
Our bodies sway, but it's barely noticeable so we won't
scare her away.
Now she comes on stage.
Her thighs are warm and spur my loins.
I make an effort not to kick and neigh.

Hotel King II

El Hotel King. Está oscuro.
No se ve tu cuerpo. Los muros se cuartearon.
La humedad del cielo raso desciende
hasta nuestros cuerpos ovillados. Está
oscuro. Y entre las figuras del cemento oscuro,
la tierra húmeda, aún más oscura. Herrumbres
de locomotoras viejas pueblan el hall, la plaza,
las calles circundantes. Está muy oscuro.
Sólo nos queda la humedad de antes, la estéril
cortina de la lluvia de siempre.
Entre las sombras, no sabemos bien desde dónde,
un grito y otro grito no interrumpen el silencio,
lo confirman, lo pueblan, como las estrellas
a la noche. Las locomotoras muertas se han
sedimentado con los muros; nos apiñábamos como monos
transformando la gris humedad en el calor orgánico
de la tribu. La luna aparece como el faro de un
tren en la memoria de lo perdido, como un
ácido venas adentro cuerpo abajo hacia la memoria
de lo perdido. Entre las plateadas montañas de
desechos, una puta impúber buscará jeringas usadas,
conchos de ácido, restos resecos de neoprén.
Estaba oscuro. Entre las sombras, un grito y otro
grito no interrumpen el silencio, lo confirman,
lo pueblan, como nuestros cuerpos
a la muerte.

Hotel King II

The Hotel King. It's dark.
Your body can't be seen. The walls are cracked.
Moisture drips from the ceiling
on our curled up bodies. It's
dark. And among the figures on the dark cement,
the wet earth is even darker. Rust
from old locomotives peoples the hall, the plaza,
the surrounding streets. It's very dark.
All that remains is the moisture from before, the sterile
curtain of the same old rain.
Among shadows, we're not sure from where,
one shout and then another don't interrupt the silence,
they confirm it, they people it, like the stars
at night. Dead locomotives have
sedimented into the walls; we crowded there like monkeys
transforming gray moisture into the tribe's
organic heat. The moon appears like a train's
headlight in the memory of what's lost, like
acid in veins moving downbody into the memory
of what's lost. Among silvered mountains
of trash a teenage whore will look for used needles,
tabs of acid, dried remains of sniffed glue.
It was dark. Among the shadows, one shout and then
another don't interrupt the silence, they confirm it,
they people it, like our bodies
do at death.

Hotel King III

Dejamos —dijo alguien— el Hotel King como a las seis.
Atrás toda la ciudad ardía en un crepúsculo turbador
e interminable, todos los luminosos en la ciudad chispo-
rroteaban, todo el rojo no sé si de sangre o de gaseosas
se derretía por las veredas y las calles.
El agua estaba inmóvil en los charcos.
Y los charcos reflejaban un cielo amplio y estrellado.
Dejamos —dijo alguien— el Hotel King como a las seis.
Pero como todo transcurría en un teatro
protegidos por la ficción,
sólo a lo lejos, lejos,
se escuchaban las crepitaciones de ese incendio terrible,
crujiendo por todas las calles,
abrazando postes y árboles,
cuerpos y callampas;
pero como todo transcurría en el Hotel King —dijo alguien—
las llamas no nos podían alcanzar.

Hotel King III

"We left," someone said, "the Hotel King about six."
Behind us the city was burning in a chaotic
unending dusk, all the streetlamps in the city throwing off
sparks, everything red—from blood or soda pop—
melting over the sidewalks and streets.
Water stood in pools.
And the pools reflected a wide, starry sky.
"We left," someone said, "the Hotel King about six."
But since everything was happening in a theater
and we were protected by the fiction,
only in the distance, far away,
could we hear the crackling of that terrible fire
rustling through all the streets,
burning posts and trees,
bodies and mushrooming slums;
"but since everything was happening in the Hotel King," someone
    said,
the flames couldn't reach us.

El puente sobre el Bío Bío

Este es el puente de Brooklyn
sobre el río Bío Bío, el *de los lagartos*
venenosos.
Y este es el barro,
mezcla de tierra y de lluvia,
mezcla de tierra y baba de animal,
de tierra y desagües,
de tierra y sangre,
de tierra y semen,
de tierra y sudor,
de tierra y residuos de mar:
de esta substancia viscoso y lúgubre se dice que fue
hecho el hombre,
recubierto después con lana o sintéticas fibras
el cuerpo,
transformadas más tarde en harapos sin origen,
vueltos negros, vueltos girones, vueltos polvo.
Esta es la luna,
viene desde Lima,
va hacia Nueva York;
brilló sobre un millón de mendigos en el Perú,
brillará sobre diez millones de mendigos en Nueva York,
brilla sobre miles de mendigos en Concepción.
Esta es otra década turbia, sólo que con miles o
millones de muertos más.
La vida y la muerte
                    cosa de números
y superposiciones.

The Bridge Over the Bío Bío River

This is the Brooklyn Bridge
over the Bío Bío River, the river *of poisonous*
lizards.
And this is clay,
a mixture of earth and rainwater,
a mixture of earth and animal drool,
of earth and sewers,
of earth and blood,
of earth and semen,
of earth and sweat,
of earth and seawater residues:
they say that from this viscous gloomy substance
man was made,
his body covered later with wool
or synthetic fibers,
which were then transformed into nameless rags,
turned black, torn to pieces, turned to dust.
This is the moon,
straight from Lima,
headed toward New York;
it shone over a million beggars in Peru,
it will shine over ten million beggars in New York,
it shines over thousands of beggars in Concepción.
This is another murky decade, but with thousands or
millions more dead.
Life and Death
                a matter of numbers
and superimpositions.

Zonas de peligro

El horror te inventa   el Hotel King el
baldío de Orompello te inventa una cár-
cel oculta al otro extremo de La Concep-
ción la vida y la muerte lo mismo en
cada Zona de Peligro   (hacían apues-
tas sobre quién de una cuchillada abría
al hombre de por medio o le cortaba la
cabeza de un piquete   o le descubría
las entrañas)   están en el centro mis-
mo de las orgías de tu corazón lo mismo
ayer   hoy   mañana   pasará
el deseo escociéndote las heridas las mar-
cas las señales por aquí por allá rojas
la vida y la muerta en cada Zona de Peli-
gro   el horror te inventa   el horror no
se inventa   rojo a rojo sangre a semá-
foro a cuerpo rasgado desflorado hasta la
muerte acá al Sureste de La Concepción
del Imperio   de este baldío donde no se
pone el sol   una larga y angosta faja
de muerte sin oasis para detenerse a res-
pirar jadear   estás en el centro mismo
de las orgías de tu corazón   Hotel King
muros adentro lo mismo ayer   hoy
el año de mil quinientos y veinte fue un
gran tirano   muy de propósito y con mu-
cha gente   sin temor alguno de Dios
ni compasión de humano linaje.

Danger Zones

The horror invents you   the Hotel King the
vacant lot of Orompello street invents a hid-
den prison for you at the other end of Concep-
ción Life and Death the same   in
every Danger Zone   (they were taking bets
on who with one stroke would slice
the man up the middle or cut off
his head with a pike   or spill his
entrails)   they're right in the center
of your heart's orgies the same
yesterday   today   tomorrow   desire
will go away chafing your wounds the marks
the signs here and there red
Life and Death   in every Danger Zone
the horror invents you   the horror doesn't
invent itself   red to red blood to traffic
light to a body ripped deflowered until
Death here in the southeast corner of Concep-
ción of the Empire   of this vacant lot where
the sun never sets   a long and narrow strip
of Death with no oasis to pause to
breathe to pant   you're right in the center
of your heart's orgies   Hotel King
inside these walls the same yesterday   today
in the year fifteen twenty there was a
great tyrant   with many plans and
many people   without any fear of God
or human compassion.

Zonas de peligro (Final)

Orompello el Cerro La Cruz la muerte
no me van a decir ahora que esa mole que tacha
el Bío Bío es el puente de Brooklyn que los
muertos de mil novecientos setenta y tres
eran un teatro de sombras exhibidas al nivel de
las aguas sombras chinas rebasando las márgenes
o quizá sombras chinas   se ha perdido la medida
de las cosas en esta ciudad sudamericana al
sur de las estrellas   las estrellas se volvieron
fuego alumbrado público   hoyos
no nos van a venir ahora con que Orompello era
un puro símbolo echado sobre la ciudad el amor
piltrafa el cuerpo de nuestras mujeres el amor
es otro trabajo enajenado acá al sur de nin-
guna cosa   las estrellas eran orificios en el
cielo   en   los   muros   en   los
cuerpos   huecos rojos
huecos   por donde se transparentaba
este   baldío.

Danger Zones (Final)

Orompello street Cerro la Cruz   Death
don't try to tell me now that the mass blotting out
the Bío Bío is the Brooklyn Bridge that the
deaths of nineteen seventy three
were a theater of shadows displayed at water
level shadow play flowing past the shores
or maybe shadow play   the measure of things
has been lost in this South American city south
of the stars   the stars became
fire electric streetlights   graves
don't try to claim now that Orompello street
was only a symbol rolled over the city Love
shreds the body of our women Love
is another dead-end job here south of no-
thing   stars were orifices in the
sky   in   the   walls   in   the
bodies   holes   red
holes   where you could see
this   vacant lot

Bajo la sombra de un muro encalado

Bajo la sombra de un muro encalado,
entre las consignas eróticas, apenas nos
rozábamos los cuerpos. No sé si previo a todo
ya estábamos condenados. Había más cuerpos
entre nosotros, no sé si muchedumbres,
pero no estábamos solos. (Yo entonces recordé
que Genet quería que la representación teatral
de *Las sirvientas* fuera personificada por
adolescentes pero en un cartel que permanecería
clavado en algún vértice del escenario se le
advertiría al público la investidura y la ficción)
pero no estábamos en el teatro: yo quise tomarte
el cuerpo en la oscuridad; había más cuerpos
entre nosotros, no sé si muchedumbres; los cuerpos
tenían los ojos los cuerpos no tenían ojos: jamás sabré
si había ventanas o si estábamos a la intemperie;
es una barraca como las de Treblinka dijo alguien,
pero yo escuchaba como en onda corta los sonidos
de la ciudad. Nunca sabré si hubo una ventana,
pero se filtraba sobre el muro blanco el fulgor
verde de un aviso luminoso y en el delirio que
acompaña el amor, en el delirio impune en que
terminábamos todos, comenzamos a imaginarnos cosas:
yo, en la penumbra, te abrazaba el cuerpo pensando
que te abrazaba el cuerpo en la claridad: el letrero
luminoso verde del Hotel King sobre el muro
era el único sol.

Beneath the Shadow of a Limed Wall

Beneath the shadow of a limed wall,
among erotic slogans, our bodies
were barely touching. I don't know if
we were already condemned. There were other bodies
among us, maybe not crowds,
but we weren't alone. (Then I remembered
that Genet wanted
The Maids to be played by
teenagers but a poster still
nailed to a corner of the set would warn
the audience of the investiture and the fiction)
but we weren't in the theater: I wanted to take
you in the dark; there were other bodies
among us, maybe not crowds; the bodies
had eyes the bodies had no eyes: I'll never know
if there were windows or if we were exposed to the weather;
it's a barracks like the ones in Treblinka, someone said,
but I was listening to the sounds of the city
as if on short wave. I'll never know if there was a window,
but on the white wall a neon sign filtered
brilliant green and in the delirium
accompanying love, in the unabsolved delirium
where we all ended up, we began to imagine things:
in shadow I embraced you, thinking
I was embracing you in daylight: on the wall
the glowing green sign of the Hotel King
was the only sun.

Los cuerpos sobre el muro

Sobre la pared encalada, proyectaban por la
noche un cuerpo hecho trazos, a rayas, configuraciones
desmembradas de pintura o carbón.

Una voz en off que provenía desde la proyectora
repetía átona la palabra cuerpo, la palabra desmembramiento,
la palabra aullido: la imagen, intermitente, era ya un
close-up del gesto desdentado del rictus, ya de los
trazos crispados del torso, ya de la pintura o carbón dolorido
del vientre. La voz en off no cesaba su letanía de palabras:
la palabra miedo, la palabra espasmo,
la palabra imposibilidad.

Nosotros, que habíamos tenido acceso a la cultura,
sabíamos que proyectaban sobre la pared los aquelarres de Goya
y al reconocimiento siguió el miedo y el presagio.
Pero todos mirábamos en silencio y a la palabra cuerpo
nos palpábamos el cuerpo, a la palabra aullido, enmudecíamos
de horror y a la palabra imposibilidad nos reconocíamos
en esos cuerpos desmembrados por la imaginación.

Una voz en off decía la verdad está en la imagen.
Una voz en off decía la verdad está en el ojo.

Duró poco más de una semana, por las noches: a la palabra
cuerpo nos tocábamos los cuerpos, a la palabra desmembramiento
nos buscábamos a nosotros mismos entre los otros, con
desesperación; a la palabra imposibilidad, nos reconocíamos
en los cuerpos desmembrados por la imaginación.

The Bodies on the Wall

On the limed wall through the night, they projected
a body reduced to lines and marks, dismembered
paint or charcoal configurations.

A voice offstage from the projector
repeated plainly the word body, the word dismemberment,
the word howl: the flickering image was now a
close-up of the toothless rictus, now the
clenched lines of the torso, now the paint or suffering charcoal
of the belly. The voice offstage didn't stop its litany:
the word fear, the word spasm,
the word impossibility.

We who'd had access to culture
knew they were projecting Goya's Black Mass on the wall
and recognition was followed by fear and foreboding.
But we all stared in silence and at the word body
we touched our bodies, at the word howl, we went mute
with horror and at the word impossibility we recognized ourselves
in those bodies dismembered by imagination.

A voice offstage said truth is in the image.
A voice offstage said truth is in the eye.

It lasted scarcely more than a week, at night: at the word
body we touched our bodies, at the word dismemberment
we looked for ourselves among the others in
desperation; at the word impossibility, we recognized ourselves
in those bodies dismembered by imagination.

Los retratos del horror sobre los muros
del Hotel King

El silencio era la arquitectura del Hotel King.
Los goznes, gargantas, placer, un gesto torvo
de agonía suprema. El agua escabulléndose por los
desagües, encarnaciones líquidas de nuestros cuerpos.
La luz de las ampolletas se diluía en el aire
cargado de la noche exterior. Yo pensé en huir por
la escalera que parecía dar al entretecho, tal vez,
allí, se abriría, límpido, el cielo: fue cuando
se abrió la puerta de la pieza número 6, de un golpe:
el catre de bronce y el velador vacío adosado al
muro pálido junto al retrato en blanco y negro del
victimario y su víctima: sobre el piso, el polvo,
la leche de la muerte coagulada los papeles confort
sangrantes aventados muertos también sobre las tablas
el polvo las secreciones el semen. Fue cuando se
abrió la puerta de la pieza número 6, de un golpe,
como un desfase, y se crispó una cortina y se
entornó una ventana, como una mueca anonadada, de
oligofrénico: fue cuando se abrió la puerta
de la pieza número 6.

The Portraits of Horror on the Hotel King's Walls

Silence was the architecture of the Hotel King.
Hinges, throats, pleasure, a grim gesture
of supreme agony. Water slipping down the
drains, our bodies' liquid incarnations.
The light from streetlamps was diluted in the air
charged by the surrounding night. I thought of fleeing up
the staircase that might lead to the attic, maybe
there the limpid sky would open: that was when
the door to room number 6 sprang open:
the bronze cot and the empty night-table leaning against the
pale wall next to the black and white portrait of
the sadist and his prey: on the floor, dust,
the milk of curdled death, toilet paper
bleeding swollen dead bodies also on the planks
dust secretions semen. That was when the
door to room number 6 sprang open,
as if out of sync, a curtain shuddered and a
window gave, like the vanquished scowl
of an imbecilic man: that was when the door
to room number 6 opened.

Baldío

Son siempre cargados de imágenes repetidas
los crepúsculos sobre los baldíos. Sin forma humana,
en tierra pura modelados, en pura lluvia desmoronados,
extendidos en puro barro y en desechos vegetales
desprendiéndose de las laderas donde no baña esta
porción del mundo el sol, donde refracta la pura
agonía del sol, la pura falta de forma humana
en los lugares señalados.
La Historia termina en los baldíos. Nuestras pupilas
ensanchaban la agrimensura del espacio y la boca
balbucía un deseo entrecortado, a lo más el diente
sangraba la punta de la lengua, a lo más la mente
imaginaba un cuerpo imposible en la disociación
roja del sol y la tierra.
Son siempre cargados de imágenes repetidas
los crepúsculos sobre los baldíos. Nuestros cuerpos
se densificaban con la sombra advenida, se hacían
vegetal con los vegetales podridos, se mineralizaban
en el instante vacío de la noche, adherían a la
dispersión del humo en guedejas blancas hacia el
agujero de la noche; o aguardaban, como si de los
zócalos de la noche se derramaría esa agua final
de la que no hablaban las imágenes, esa agua final de los
mitos y de los sueños que restañaba con la limpidez
de una nueva forma humana los lamparones morados
de nuestros cuerpos.

Vacant Lot

The dusks over vacant lots
always are charged with repeating images. Without human form,
modeled purely out of earth, dissolved in pure rain,
stretching over pure mud and scraps of greens
coming loose from the hills on this side of the world
unbathed by the sun, where the pure agony of sun
refracts, the pure absence of human form
in the designated places.
History ends at the vacant lots. Our pupils
widened the survey of space and our mouths
stuttered a broken-off desire, at most our teeth
bled the tips of our tongues, at most our minds
dreamed impossible bodies in the red
separation of earth and sun.
The dusks over vacant lots
always are charged with repeating images. Our bodies
thickened with the onset of shadows, became
vegetal with the rotten greens, mineralized
in the empty instant of the night, stuck to
smoke dispersing in white manes floating toward
the hole of the night; or waited, as if that final water
unnamed by images would spill from
the plazas of the night, that final water of
myths and dreams that stanched the purple stains
from our bodies with the cleanliness
of a new human form.

II
Diario de navegación /
Diary of Navigation

. . . desplegué, una vez más, mi Retablo de Maravillas, mi aleluya de geografías deslumbrantes, pero, al oficiar de anunciador de portentos posibles, desarrollé una nueva idea, madurada por lecturas recientes, que pareció agradar en mucho a mi oyente.

. . . once again I displayed my Bag of Wonders, my hallelujahs of dazzling geographies, but, as I began my recitation of possible marvels, a new idea began to take shape, based on my recent readings, and it seemed to delight my audience.

—Alejo Carpentier,
El arpa y la sombra (*The Harp and the Shadow*)

61

Mar de la desesperanza

Entramos en las urbes del Sur
se nos acelaraban los pensamientos al roce del vuelo
de las aves
había ciudades hechas de carne
había ciudades enteras orgánicas latientes
había edificios que respiraban con inhumana lentitud
había edificios zócalos muros cines corredores
que subían y bajaban lentos
en sus sístoles y diástoles enfermos
todo esto está vivo dijo una voz
había mucha noche
más noches de las jamás previstas y cuerpos
deslizándose en esas noches
que parecían barcos fantasmas deslizándose por esas noches
mujeres (colegialas, vestales, prostitutas,
púberes e impúberes, todo el catálago soñado)
oro no había
había música electrónica signos había
peces
advertencias
no toques lo que late porque desaparecerá al punto del tacto
dijo una voz
cada cosa relumbra con el brillo
que sueña tu ojo
y hubo miedo a que no hubiera nada
los escapes de los cines nos servían de refugios miradores
tuvimos que adecuar la mirada imaginar el tacto
entresoñar el coito
amarnos los unos a los otros en el más total de los silencios
queríamos mantenernos en esas visiones
empaparnos destas vestales
no toques lo que late porque desaparecerá al punto del tacto
dijo una voz
pero todo latía casi imperceptible
con pasmosa lentitud
acequias prostíbulos semáforos vitrinas y los cuerpos
todo subía y bajaba despoblado
en sus sístoles y diástoles
baldíos.

Sea of Despair

We entered the great cities of the South
our thoughts sped up brushing against the flight
of birds
there were cities made of flesh
there were whole cities beating organically
there were buildings breathing inhumanly slow
there were buildings plazas walls movie theaters halls
slowly rising and falling
in their infected systoles and diastoles
all this is alive said a voice
there were many nights
more nights than were ever seen and bodies
sliding into those nights
they seemed like ghost ships sliding through those nights
women (schoolgirls, vestal virgins, prostitutes,
teens and pre-teens, the whole roster we'd dreamt of)
there wasn't gold
there was electronic music there were signs
fish
warnings
don't touch what is beating, it will vanish on contact
said a voice
each thing glows with the brilliance
your eye dreams of
and there was fear there might be nothing
the theaters' fire escapes served as lookouts
we had to adjust our gaze to imagine touch
to daydream of coitus
to love one another in absolute silence
we wanted to stay inside those visions
to steep ourselves in These vestal virgins
don't touch what is beating, it will vanish on contact
said a voice
but everything was beating almost imperceptibly
amazingly slow
ditches brothels traffic lights windows and bodies
everything was rising and falling deserted
in its systoles and diastoles
vacant lots.

Mar de los reflejos

Como un rótulo de neón cuando tiene una letra fundida y convierte la palabra en algo ininteligible.

—Marcel Duchamp

¿Que apareció primero?
Un farol rojo que nos guiaba el derrotero
al fondo de una calle larga.
No había islas para detenerse a respirar,
jadear. ¿Hubo algo más?
Aparecieron muchos peces, matamos uno;
entonces, la escenografía cambió
como por arte de magia: en Orompello,
llovida, una puerta de cristal brillaba azul
profunda en la noche, como sueño. ¿Fue
traspuesta? Los cuerpos tiritaban
de piscola, de ron con cacao; había sombras
que se desplazaban chinas sobre los muros,
mapas figuraciones falsedades fantasma-
gorías, nada más: ¿Oro, no había oro?
Por todas partes había cuerpos,
modulares multiformes multiusos,
como muñecas de Bellmer, cuerpos había
y no valían ni la mitad de su peso en oro.
¿Algo más? Nada más, acá nadie
te va dar cigarros,
te los venden, te la venden, la epidermis,
los músculos donde flota, la sangre
que lo entibia todo. ¿Viste oro?
Llevaban huecos entre los dientes
y eran los huecos del oro.

Sea of Reflections

Like a neon sign whose letters run together,
turning the words into something unintelligible.

—Marcel Duchamp

What appeared first?
A red streetlamp guiding our path
to the end of a long street.
There weren't islands where you could stop to breathe
or pant. Was there anything else?
Many fish appeared, we killed one;
then the scene changed
like a sleight of hand: on Orompello street,
wet with rain, like in a dream a glass door shone
deep blue in the night. Was it
out of place? Bodies shivered
from piscos and coke, from cacao rum; there was shadow
play moving over the walls,
maps figurations falsities fantasma-
gorias, nothing else: Gold, wasn't there gold?
There were bodies everywhere,
multiform multiuse modules
like Bellmer dolls, there were bodies
not worth half their weight in gold.
Anything else? Nothing else, nobody here
will give you cigarettes,
they sell them to you, they sell it to you, the epidermis,
the muscles, where the blood that warms everything
floats. Did you see gold?
They had holes between their teeth
where there should have been gold.

Una indagación sobre esta pervertida manera de ver las cosas

Un tropel de caballos amarillos galopaba el tiempo
Orompello abajo;
nosotros sabíamos que todo nos sería concedido
en sueños:
una hembra destas tierras llamada O se abría como
boca de lobo
bajo el sol de cuarenta wattios
envuelto en celofán rojo;
lo narrado transcurre durante un caluroso amanecer
de verano.
Pero estas ciudades del Sur, sin querer, te
vacían el cerebro:
blancas, como Mikonos,
fantasmas, como pueblo minero de California;
O era puta y triste.
Después de consumado, su cuerpo quedó a la deriva del
baldío,
mecida por la resaca, el viento,
el Pacífico,
el sol poniente.
El vientre de O era liso y cruel.
Aún después de unas leguas de calles y baldíos refulgía
en nuestros deseos como aparición,
como faro,
como fuego fatuo;
pero no sabemos a ciencia cierta si el tropel de caballos
amarillos
era parte de los pervertidos mecanismos del sueño
o un dato efectivo de lo real.
Nos habían dicho que todo nos sería concedido en sueños;
nos habían dicho: "Vayan y busquen amor":
y ante nosotros las ciudades eran el teatro del dolor;
pero nosotros sabíamos que los
pervertidos mecanismos del sueño
se oponen al dolor.

An Investigation of This Perverted Way
of Seeing Things

A tumult of yellow horses was galloping time
down Orompello street;
we knew everything would be delivered to us
in dreams:
a woman from These lands named O opened like
a wolf's maw
under a forty-watt sun
wrapped in red cellophane;
this story takes place on a warm summer
dawn.
But these Southern cities, without meaning to,
drain your mind:
they're white as Mykonos,
ghosts in a California mining town;
O was a whore, she was sad.
After her body was consumed she drifted in the vacant
lot,
rocked by the tide, the wind,
the Pacific,
the setting sun.
O's belly was smooth and cruel.
Even after leagues of streets and lots it glowed
in our desires like an apparition,
like a lighthouse,
a will o' the wisp;
but we don't know with absolute certainty if the tumult of yellow
horses
was part of the dream's perverted mechanisms
or an actual recorded fact.
They'd told us everything would be delivered to us in dreams;
They'd told us: "Go and look for love":
and before us the cities were a theater of pain;
but we knew that the
dream's perverted mechanisms
oppose pain.

Mar de la necesidad

Estábamos en pleno Reino de la Necesidad
Un gran despliegue se abría ante nosotros
orquídeas carne búfalos praderas oro mujeres
el desierto rojo de la calle se había superpoblado
a lo Cecil B. DeMille
46 papeles principales 82 menores
más de doscientas intervenciones habladas
algunas escenas eran soberbias
como el éxodo de las putas de Orompello
por edicto municipal
a Prat
a las márgenes del río
a los eriazos junto al Cementerio
General
chiquillos colgados de las tetas de las indias
y la leche que alguna vez tomamos, Almirante,
de las recién paridas
ahora se juntaba con la sangre
pero sangre no veíamos
se confundía con nuestro único sol de cuarenta wattios
pero ahora estábamos rodeados de reflectores
por los 4 flancos
y brillaban más que nunca las cuentas verdes que les dimos
por sus cuerpos
pero rodeaban Orompello guardias armados
y alambradas de púa para resguardar el éxodo
sobrevolaban helicópteros
aves taxidérmicas
la escenografía se había transformado de una vez
estábamos en Tebas
pero tanta suntuosidad, Almirante, te produce chancro,
tanto deseo abolido, oscuros vacíos hacia el final
del pensamiento, pero
una lacerada procesión como ésta en pleno Siglo de las Luces
o de oro
o da lo mismo,
estas urbes del Sur
te acaloran, te enferman la imaginación.

Sea of Necessity

We were in the middle of the Kingdom of Necessity
A great fanfare opened before us
orchids flesh buffalos meadows gold women
the street's red desert was densely packed
à la Cecil B. DeMille
46 major roles 82 minor ones
more than two hundred speaking parts
there were some superb scenes
like the exodus of the whores from Orompello street
by town edict
to Prat
to the river bank
to the vacant lots by the General
Cemetery
little kids hung from Indians' teats
and the milk we once drank, Admiral
from brand-new mothers
now mixed with blood
but we didn't see blood
it was mingled with our forty-watt sun
but now we were surrounded by spotlights
on all 4 sides
and on their bodies the green beads we gave them
shone brighter than ever
but Orompello street was surrounded by armed guards
and barbed wire fences to protect the exodus
helicopters, taxidermic birds
flew overhead
the stage-set had suddenly changed
we were in Thebes
but such sumptuousness, Admiral, gives you chancres
such abolished desire and dark voids heading toward the end
of thought, but
a flayed procession like this in the middle of the Age of Enlightenment
or of gold
it's all the same thing
these great cities of the South
heat you up, they infect your imagination.

Las islas de arena

Ante nosotros, las ciudades eran el teatro del dolor;
eran esos pueblos malditos: hombres hembras y niños
hallan los terrestres alimentos
en las bolsas de nylon negras: los ojos
buscan puntos de fuga en el vacío; las caparazones
de los autos muertos nos cobijaban,
como úteros;
estas formas de involución les tuercen nuestro
cerebro corroído (Este mundo es Serie B.
Estas palmeras de acrílico no corresponden a ninguna
clase real. El sonido del mar se consigue
agitando enormes sábanas de polietileno.
Poca cosa corresponde a su modelo original. De otra
manera no sería possible reproducir tanta maravilla,
chancro, barro orgánico, orquídea, luz, entrevisión)
La carta se nos desplegaba,
entrábamos en estos oscuros barrios, La Libertad,
el Cerro La Cruz, la Plaza Isabel La Católica:
la carta desplegaba sus señas,
pasos, sombras, sirenas, fragancias,
a miasma, a aceite, a ceniza, a culo, a luz.
Nos abríamos camino machete en mano,
tajando culos,
destasando tetas,
talando araucarias.
A vista de tanta carne latiente, luz roja, humo,
sol pegajoso,
estábamos cada vez más necesitando.
Lo narrado transcurre en una ciudad
al Sur del Mundo.

Islands of Sand

Before us the cities were a theater of pain;
those cursed towns: men women and children
find daily bread
in black nylon bags: eyes
search for vanishing points in the void; the hulls
of dead cars enclosed us,
like a uterus;
these forms of involution twist our
rotten brains (This world is a horror movie.
These acrylic palm trees don't correspond to
anything real. The sound of the sea is produced
flapping huge plastic sheets.
Few things correspond to their original models. That's why
it's possible to reproduce such wonders,
chancres, organic mud, orchids, light, glimpses).
The map unfolded before us,
we entered those murky barrios, La Libertad,
el Cerro La Cruz, La Plaza Isabel la Católica:
the map unfolded its signs,
steps, shadows, sirens, fragrances,
of miasma, of oil, of ashes, of asses, of light.
We cleared a path, machetes in hand,
slicing up asses,
chopping up tits,
chopping down Araucanian pines.
At the sight of such throbbing flesh, red light, smoke,
a sticky sun,
we needed more all the time.
This story takes place in a city
at the Southern end of the World.

Mar de la muerte roja

Al rayar el alba los primeros neones
lumínicos verdes dorados ultramarinos
travestían la nao que parecía puta
macho de tanta pedrería, oro falso,
lo último que le vimos fue la popa
que se meneaba hundiéndose a la fuerza
por un túnel rojo gruta vulva socavón o
cueva y los sentidos, todos, que se
nos hacían guturales, vencidos, babosos.
Lo que ellos vieron fue más o menos esto,
que pocos sobrevivieron para narrarlo y
menos conservaron el juicio: estábamos
en Tebas, capital principal de una urbe
suramericana. Por todas partes penaban
las ánimas. Como una leona echada entre
dos mundos, dos sueños prohibidos, lú-
bricos, desconocidos, el King Hotel,
abría sus fauces carroñeras de mal amor:
había cuerpos, pero no eran cuerpos,
ahí estaban nuestros amores todos, len-
tamente desnudos, como lluvia: estaban
nuestros amores, todos los de una vida,
pero no estaban, estaban plácidamente
ausentes, sin carne, sin huesos, sin
tinte rojo sobre los labios;
entre estas ausencias presentes, se
nos fueron confundiendo los hechos en
la mente, Almirante, tanta castidad
produce chancro, tanta gana abolida,
vacíos oscuros hacia el final del pen-
samiento. Estábamos en Tebas: los cuerpos
no tenían ojos, los cuerpos estaban
hechos de cera, los cuerpos eran multiformes,
modulares, tan perversos como esas
muñecas de Bellmer, pero impúberes, tan
impúberes que se desmaterializaban, lo juro,
al primer golpe de ojo: estábamos en
La ley de la calle: el mundo era un círculo

Sea of Red Death

The first neon lights streaking the dawn
green luminous golden ultramarine
cross-dressed the ship like a drag
queen with too much jewelry and fake gold,
the last thing we saw was the stern
swaying as it sank from that weight
through a red tunnel grotto vulva mine or
cave and our senses, all of them,
made us guttural, vanquished us, made us drool.
What they saw was more or less this,
that few survived to tell the tale and
fewer stayed sane: we were
in Thebes, major capital of a great South American
city. Everywhere lost
souls suffered. Like a lioness thrown between
two worlds, two forbidden dreams lu-
bricious and unknown, the King Hotel
yawned open its maw of evil love:
there were bodies, but they weren't bodies,
all our loves were there, slow-
ly naked, like rain: our loves
were there, all the loves of a lifetime,
but they weren't there, they were placidly
absent, without flesh, bones or
red tint on their lips;
among these present absences,
the deeds got confused in
our minds, Admiral, such chasteness,
such abolished lust gives you chancres,
dark voids heading toward the end
of thought. We were in Thebes: the bodies
had no eyes, the bodies were
wax, the bodies were multiform,
modular, perverse as those
dolls of Bellmer, but they were pre-teen,
so young I swear they dissolved
with the first glance: we were in
Rumble Fish: the world was a circle

73

en blanco y negro, habitado por dos peces
rojos devorando su reflejo a falta de
víctima. Yo era un pez, Almirante, y la muerte,
otro pez.

in black and white, inhabited by two red
fish devouring their reflections instead of
prey. I was a fish, Admiral, and Death
was another fish.

Mar de los peces rojos

Me pararon al frente, me dijeron
habla
y hablé.
Me pararon al frente, me dijeron
desnúdate
y me desnudé.
Me pararon al frente, me dijeron
órlate
y me incrusté oropel, rubí, esmeraldas, pedrerías,
oro falso
en el cuero.
(Aplausos)
No sufrí apremios físicos, debo decirlo,
pero me rodeaba la muerte.
La noche, esa noche, era primordial.
Había calles angostas,
pasos, gritos,
cuerpos.
Los puntos cardinales estaban perdidos.
Yo estaba perdido, en un sueño, como en una película.
La noche en La ley de la calle.
El mundo era un círculo en blanco y negro
despoblado por fantasmas
y habitado por dos peces rojos
devorando su reflejo
a falta de víctima.
Todo esto era circular y referido por la muerte;
el mundo era circular, en blanco y negro, habitado
por dos peces rojos devorando su reflejo.
Todo transcurría en el teatro o en el cine.
Todo transcurría en la calle o en un sueño.
Los puntos cardinales se habían perdido
y el vértigo de la velocidad entraba por los ojos,
por los poros,
yo estaba poseído por efectos especiales.
La ciudad era un mar en penumbras,
blanco y negro,

Sea of Red Fish

They stood me in front, they told me
speak
and I spoke.
They stood me in front, they told me
strip
and I stripped.
They stood me in front, they told me
adorn yourself
and I encrusted myself with tinsel, rubies, emeralds, cheap stones,
fake gold
on my naked skin.
(Applause)
I wasn't restrained, I must say,
but Death surrounded me.
Night, that night, was primordial.
There were narrow streets,
steps, shouts,
bodies.
The cardinal points were lost.
I was lost, in a dream, like in a film.
Night in *Rumble Fish*.
The world was a circle in black and white
laid waste by ghosts,
inhabited by two red fish
devouring their reflections
instead of prey.
All this was circular and related by Death;
the world was circular, in black and white, inhabited
by two red fish devouring their reflections.
Everything happened in a theater or movie house.
Everything happened in the street or a dream.
The cardinal points had been lost
and high speed vertigo entered my eyes
and pores,
I was possessed by special effects.
The city was a sea in penumbra,
black and white,

dos peces rojos.
Devoraban sus reflejos.
Yo era un pez, Almirante, y la muerte,
otro pez.

two red fish.
They devoured their reflections.
I was a fish, Admiral, and Death
was another fish.

Mar del dolorido sentir

Me cosieron la boca y los ojos
me inocularon coca cola por las venas
todo transcurre en una película mexicana
what is your name me preguntó alguien
desde alguna parte
ahora ya no puedo seguir hablando por todos
ustedes se esfumaron tras ese halo de luz
los demás desaparecieron en ceniza
se obliteraron en humo o lluvia de la ciudad
a mi me arrastraron por un pasillo angosto y húmedo
como vientre
rojo
(la intensidad del color filtraba la venda)
olía a pierna humana
como en el corredor de Lautréamont
¿sugar mister? me preguntan ocultos
por la radio tocaban un corrido
perros ladraban
la música se me emplasta en los oídos
por ahí puedo sentir bien
por acá no
el corrido comienza a arderme en los oídos
los hombres sacan pistolas
a mí me trataron como a todo prisionero de guerra
olvidando los tratados y la piedad
el pasillo se adensaba hasta el mismo color del
miedo
ahora el espacio y las sensaciones eran intensidad pura
energía pura
mi cuerpo se confundía con el pasillo y mi pensamiento con mi
cuerpo
un perro negro metía y sacaba la lengua
muy rosada
la sangre me chispeaba en las venas
(me habían inoculado coca cola)
el pasillo se hacía verde azul dorado tras la venda
todo iba siendo brillo y color y ardor
I HAVE THE POWER

Sea of Piteous Pains

They sewed my mouth and eyes shut
they injected coca-cola into my veins
all this happens in a Mexican movie
what is your name someone asked me
from somewhere
now I can't keep speaking for everyone
all of you vanished behind that halo of light
the rest dissolved into ash
obliterated into smoke or city rain
they dragged me through a wet, narrow passageway
like a red
womb
(intense color bled through the blindfold)
it smelled like human limbs
like in Lautréamont's corridor
sugar mister? they asked me, hidden
a *corrido* was playing on the radio
dogs were barking
the music sticks in my ears
over there I'll feel alright
but not here
the *corrido* begins burning in my ears
the men draw pistols
they treated me like a prisoner of war
forgetting treaties and pity
the passageway thickened to the color of
fear
now space and sensation were pure intensity
pure energy
my body mingled with the passageway and my thoughts with my
body
a black dog moved its pink tongue
in and out
blood sparkled in my veins
(they'd injected me with coca-cola)
the passageway turned green blue golden through the blindfold
everything was brilliance and color and heat
then I thought

pensé entonces
y desembocamos, como si fuera un coito, desembocamos:
aparecí en la calle Pedro León Gallo; había baldíos,
por todas partes, fierros viejos, rieles, huellas,
niños en desnutrición:
a la izquierda de mi cuerpo, de mi dolorido sentir,
había un túnel, rojo,
gruta vulva socavón o cueva,
las nubes descendían al nivel de mi cara,
un perro negro metía y sacaba la lengua,
amanecía en Concepción.

I HAVE THE POWER
and we flowed, like coitus we flowed:
I appeared on Pedro León Gallo street; there were vacant lots,
everywhere scrap-iron, rails, tracks,
starving children:
to the left of my body, of my piteous pains,
there was a red tunnel,
grotto vulva mine or cave,
the clouds descended to my face,
a black dog moved its tongue in and out,
dawn was breaking in Concepción.

Mar de las incomprensibles luces

Aparecí en la calle Pedro León Gallo,
quebrado, descompuesto, borracho, no sé
que más, pero la lengua era una víscera
que se me había corrido desde dentro y
me ocupaba toda la boca, que casi no me
dejaba respirar; estaba amarga, de metal,
ya no era la de mi cuerpo, esa que me dejaba hablar,
gustar, besar. Abrí los ojos: el mundo estaba en
descomposición, la ciudad se había hecho
barro, los hombres, las hembras,
negros fantasmas costurones vulvas
abiertas en el paisaje bajo la cruz de miedo
del Cerro La Cruz: el mundo me volvía a
flash, un poste, una vitrina, un reflejo
un maniquí. En otra película a un tipo
le inoculaban coca cola por las venas:
delirio cultura culpa mierda:
más allá de mi cuerpo había un poco de pasto,
champas proliferando a porfía.
Podía echarme ahí y esperar a que las
maravillosas nubes bajaran y me cubrieran
y me tragara esta derrumbada totalidad.
Un líquido que no era sangre me corría
por las venas, pero como saber, si no era
sangre y es siempre sangre lo que a uno
le corre por las venas. Traté de recordar
caras, pero el mundo me venía a flash.
Estaba encandilado, me dañaba la luz los ojos
era energía pura, ácida caliente como hembra,
muerte. Las nubes me hacían ser
y hacían los contornos desmembrados, des-
compuestos, podridos pero circulares,
yo estaba metido en una esfera total.
En otra película el mundo era una esfera en
blanco y negro despoblado por fantasmas
y habitado por dos peces rojos devorando su

Sea of Incomprehensible Lights

I appeared on Pedro León Gallo street,
broken, exasperated, drunk, I don't know
what else, but my tongue was a viscera
that had uncoiled from inside and
filled my mouth, it almost
didn't let me breathe; it was bitter, metallic,
what let me speak, taste and kiss was no longer
part of my body. I opened my eyes: the world
was rotting, the city had turned
into mud, men, women,
blacks ghosts slashed skin open
vulvas in the landscape of Cerro la Cruz
under the cross of fear. The world returned to me
in a flash, a post, a window, a reflection,
a mannequin. In another film they injected
coca-cola into some guy's veins;
delirium culture guilt shit:
beyond my body there was a patch of grass,
mushrooms stubbornly multiplying.
I could have flung myself down until the
wonderful clouds descended and covered me
and this collapsed totality swallowed me.
A liquid that wasn't blood ran through
my veins, but how could I know that if it wasn't
blood and it's always blood that runs through
your veins. I tried to remember
faces, but the world came to me in a flash.
I was blinded, the light hurt my eyes,
it was pure energy, acid hot as a woman,
as death. The clouds were making me *be*
and making the broken down, dis-
membered contours rotten but circular,
I was inside a complete sphere.
In another film the world was a sphere in
black and white ravaged by ghosts
and inhabited by two red fish devouring their

85

propio reflejo a falta de víctima.
La muerte era un pez, Almirante, y yo,
sin sexo entremedio de las piernas,
un puro ojo y color.

own reflections instead of prey.
Death was a fish, Admiral, and I,
with no sex between my legs,
was just an eye and color.

La corriente nunca nos dejó llegar a ella

¿Dónde estamos? Preguntó alguien.
Yo sabía que estábamos en Concepción,
en ninguna parte; la ciudad era la pantalla
del miedo, habíamos avanzado algunas leguas
al Oueste, por Concepción, hacia
ninguna parte; todas las mujeres estaban
dibujadas a lápiz, fotos pornográficas, menos,
baños, donde los cuerpos se despintaban
en los cuerpos;
yo sabía que estábamos en Concepción,
es decir en ninguna parte,
y los cuerpos en los baños eran planos sin volumen,
aunque la luz daba la ilusión de volumen,
carne, ebullición, calor:
habíamos avanzado algunas leguas hacia el Oueste
por el medio de la calle,
llovía,
la ciudad escaldada huía de nosotros,
por todas partes penaban las ánimas,
cuerpos abiertos,
rajas oro,
queríamos bañarnos en carne,
esto es la representación de una caída libre,
sería mejor que tomáramos piscola con nembutal
para perder el miedo,
ya no sabemos bien,
entonces vamos a culear tranquilos, satisfechos,
compréndase, tanta vegetación virgen hace subir la tem-
peratura,
tanta orquídea como carne, vitrinas, afiebra,
tanto cabello, oro bruñido, sol,
tanta pradera tanto búfalo,
sólo queremos caer nomás libres
y ya ni sabemos bien.

The Current Never Let Us Reach It

Where are we? someone asked.
I knew we were in Concepción,
nowhere; the city was a screen
of fear. We'd advanced several leagues
toward the West, through Concepción, toward
nowhere; all the women were
pencil drawings, pornographic photos, even less,
baths where painted bodies washed away
on other bodies.
I knew we were in Concepción,
in other words, nowhere,
and the bodies in the baths were flat planes,
although light gave them the illusion of volume,
flesh, bubbling, heat:
we'd advanced several leagues toward the West
through the middle of the street,
it was raining,
the scalded city fled from us,
everywhere lost souls suffered their pain,
open bodies,
gold flakes,
we wanted to bathe ourselves in flesh,
this is the representation of a free-fall,
it would be better to drink pisco-cokes with nembutal
to get rid of our fear,
now we're not really sure,
so we'll fuck smoothly, satisfied,
you know what I mean, so much virgin brush makes the tem-
perature rise,
so many orchids like flesh, display windows, provoke fever,
so much hair, burnished gold, sun,
so many meadows so many buffalos,
we only want to fall, free,
and now we're not really sure.

Los habitantes de la noche

El oro tiene tantos significados.

—Félix de Azúa

"Convertidos en sacerdotes de aquella religión"
desnudos, embarrados de otros barros bautismales,
comiendo la flor blanca de la carne de hembra
para romper el límite de toda prohibición,
al filo de la luz,
avanzamos por estas calles irreales, aún humeantes,
latientes rescoldos de semáforos e incendios
indeterminados,
estrellas,
dientes de oro desparramados,
y miedo,
podía haber sobrevivientes,
muertos-vivos
multiplicándose por las vitrinas astilladas,
por la alfombra de vidrios rotos que enceguecía desde
el pavimento,
había que avanzar en grupos de tres, de cinco,
repetir consignas, letanías,
para que no se nos fueran los sentidos
por los laberintos del deseo,
de la muerte:
una bóveda oscura cine cárcel secreta o abismo
era la fauce que se abría ahora
y al fondo de la caverna
un fulgor de cine, formas, cuerpos, movimiento o
su ilusión,
los seres de la noche saqueaban un supermercado
antes interdicto
como en el poema de Ginsberg,
los tarros, las botellas, la fruta
salpicaban como ectoplasma los muros y embarraban de oro
líquido como la sangre,
espeso como la caca,
los belfos de esos zombies,
sus gruñidos estremecían el supermarket,

The Night's Inhabitants

Gold has so many meanings.

—Félix de Azúa

"Converted into priests of that religion"
naked, splashed with different kinds of baptismal mud,
tasting the white flower of women's flesh
to break the barrier of every prohibition,
at the edge of light,
we advanced through these unreal streets, still smoking,
throbbing embers of traffic lights and hazy
fires,
stars,
scattered gold teeth,
and fear,
there may have been survivors,
undead
multiplying through the shattered windows,
on the blinding carpet of broken glass from
the pavement,
we had to advance in groups of three, of five,
repeating slogans and litanies
to stay sane
through the labyrinths of desire
and death:
a dark crypt, a movie theater, a secret prison or abyss
were opening jaws
and at the pit of the cavern
a glow from a movie theater, shapes, bodies, movement or
its illusion,
the creatures of the night looted a supermarket
before the prohibition
like in Ginsberg's poem,
jars, bottles, fruit
spattered the walls like ectoplasm and splashed liquid
gold like blood,
thick as shit,
those zombies' lips,
their growls shook the supermarket,

91

la ciudad,
el valle miserable de Concepción,
el Universo;
nosotros cerramos los ojos,
pero como siempre las imágenes atravesaban los
párpados.

the city,
the miserable valley of Concepción,
the Universe;
we closed our eyes,
but as always, the images passed through
our lids.

I have the power

Después saliéronse los hombres y entraron
las mujeres, y sentáronse de la misma ma-
nera en derredor nuestro, besándonos manos
y pies, atentándonos si erámos de carne y
hueso como ellos.

Así que vino a bordo de la nao una almadía
con seis mancebos y los seis entraron en la
nao;

éstos mandé detener e los traigo

y después envié a una casa, que es parte
del río poniente, y trujieron siete ca-
bezas de mujeres, entre chicas y grandes,
y tres niños.

94

I Have the Power

Without people there's a mournful hollow in the air.
—Federico García Lorca

Afterwards the men left and the women
did enter, and they all sat the same way
about us, kissing our hands
and feet, testing if we were flesh
and blood like them.

Then a canoe approached our vessel
with six youths and those six did come
aboard;

I ordered them seized and brought with us

and later I sent them to a house which favors
the western river, and they brought seven
head of women, from small to great,
and three children.

Goldfinger (Bulnes con Orompello)

Oímos a un gran golpe de mujeres todas desnudas
                                    fuimos tras ellas
finalmente tomamos una mujer que no pudimos más
                    nos había mandado que tomásemos
algunas
                    era hermosa según la fermosura de la
tierra
                    trujimos la mujer muy moza y muy
hermosa a la nao
                    hízola el Almirante vestir y dióle cuentas
de vidrio
                    y cascabeles y sortijas de latón
a cambio de mirarla
                    y tornola a enviar a tierra muy
honradamente
                    ella mostraba el paraje de su población
traía esta mujer un pedacito de oro en la nariz
                    que era señal de que había en esta tierra
oro.

Goldfinger (Bulnes and Orompello Streets)

We heard a crash of naked women
                              we gave them chase
we finally took one we couldn't stand it any longer
                  he'd sent us to take
some women
                  she was Fair as this
land
                  we brought that comely young wench
to our vessel
                  The Admiral made her dress and gave her glass
beads
                  and bells and brass rings
that he might watch her
                  and returned her to land very
honorably
                  she showed us where her village was
this woman wore a gold sliver in her nose
                  which was a sign there was gold
in this land.

Museo de cera

Había muchas estatuas en figura de mujeres,
y muchas cabezas en manera de caratona,
muy bien labradas,
no sabíamos si eso tenían por hermosura o
adoraban en ellas,
había perros que jamás ladraron,
nosotros teníamos la peste del miedo,
ahí podía morir el último de nosotros;
estábamos en Tebas,
una isla toda solitaria,
nos rodeaba una ciudad hecha de carne,
los edificios latían,
los habitantes lloraban de hambre,
apilaban los cadáveres en las calles:
miramos hacia los últimos pisos, supuraban
pestilencia ñache o semen las ventanas.
Las vitrinas inmensas cubrían el panorama.
Había una puta muerta, toda dorada,
latiendo en una esquina; pero no podíamos,
ya se sabe, tocarla:
hagámonos una, dijo una voz; entonces
empezamos a buscar los materiales,
y despellejar la carne de los muros,
a llenar pellejas de hígado
con los líquidos que
manaban;
parecíamos niños embarrándonos las manos,
abriendo hoyos con cuchillos y
cucharas; de cada hoyo salía más líquido supuraciones
vapores sulfatos odoriferaciones lágrimas;
primero se la hicimos de lágrimas,
pero se nos escurría por esas babas;
le pusimos luces rojas en los ojos,
un lumínico intermitente EXIT en el culo
y un puñado de fibras pilosas de recipiente;
la envolvimos con la epidermis dorada
de la puta muerta;
al final brillaba como estrella,

Wax Museum

There were many statues shaped like women,
and many heads fashioned like cardboard,
artfully made,
we didn't know if their purpose was beauty
or adoration,
there were unbarking dogs,
we carried the plague of fear,
the last one of us could die there;
we were in Thebes,
on a solitary island,
we were surrounded by a city of flesh,
the buildings throbbed,
the inhabitants wept from hunger,
they piled cadavers in the streets:
we looked toward the highest floors: the windows
discharged *ñache*, pestilence or semen.
The immense windows spanned a panorama.
There was a dead whore, all gilded,
throbbing on a corner; but you know,
we couldn't touch her:
let's make ourselves one, said a voice; so
we began to look for materials,
strip flesh from the walls,
fill liver skins
with flowing
liquids;
we looked like children muddying our hands,
digging holes with knives and
spoons; from each hole oozed more discharges,
sulphur fumes, foul-smelling things tears;
first we made her out of tears,
but she slipped away through those drops;
we put red lights in her eyes,
a blinking EXIT sign up her ass
and a fistful of hairy fibers on her receptacle;
we wrapped her in the dead whore's
golden skin;
she finally shone like a star,

99

hedía como mingitorio,
se deslizaba como oruga y latía
como fosa común
latía.

she stank like a urinal,
she crawled like a caterpillar and throbbed,
like a common grave
she throbbed.

Mar de los cuervos negros

Llorando, veía el oro.

—Rimbaud

Sobrevolaban los mismos cuervos negros
de esos años atrás, ¿recuerdan? Claro,
quién no los recuerda, los travestidos,
esos mismos cuervos por los que se te salió roja
el alma (y había sol) por el intestino;
el mar era ahora un trigal dorado como en otro mundo,
con otro orden,
insospechado, dentro,
pero era, nada más, la muerte:
no te hagas ilusiones, como un mar de petróleo
vivo, alado,
se levantaron sobre la línea de los horizontes,
las cuadrantes,
negros,
en grupos de a cien, de a mil,
con la misma succión intestinal del oro,
líquido,
caliente,
bañándonos los calzones, las piernas,
que más,
creo que ni siquiera había oro,
tenían huecos entre los dientes y eran los huecos del oro
caca,
aurificación del culo, del bajo vientre;
habían polarizado los sueños para que no entraran
rayos de luz, mujeres;
ahora, a lo lejos, nada más las construcciones de
la ciudad desmoronándose sobre sí mismas,
el mar, un puro deseo,
por culpa de esta ciudad hecha para que llegáramos al
mar, el mar era esto,
cuervos, negros,
los de las camisas negras, mejor nos fuimos por la sombra,
sombras, mejor nos anduvimos por los baldíos,
una vez ya nos calaron, nos sangraron,

Sea of Black Crows

Weeping, he saw the gold.

—Rimbaud

The same black crows flew overhead
in those years, remember? Of course,
who doesn't remember them, dressed as women,
through those same crows your soul
spilled red (and there was sun) from your intestines;
now the sea was a golden wheatfield from another world,
with other rules,
unsuspected, inside,
but it was nothing more than Death:
don't fool yourself, they rose
winged and alive
like a sea of petroleum over the horizon,
the quadrants,
black,
in groups of a hundred, a thousand,
with the same intestinal suction of gold,
liquid,
hot,
bathing our underwear, our legs,
what else,
I don't think there was even any gold,
they had holes in their teeth, holes left for gold,
shit,
a gilding of asses and groins;
they'd polarized their dreams to keep out
light-beams and women;
now, in the distance only the city structures
collapsed on themselves,
the sea, a pure desire,
out of guilt for this city made so we'd reach
the sea, the sea was this,
crows, black ones,
the ones in black shirts, we decided to leave in shadow,
shadows, we decided to walk through the vacant lots,
they'd pierced and bled us once already,

103

¿a qué seguir? Para saber
por qué volvieron.
O no volvieron.
Dormitaban, negros, Oromopello adentro.

what next? So we'll know
why they returned.
Or didn't return.
They were sleeping, black, in the heart of Orompello street.

Mar de la ceniza (Quevedo)

Navegó su camino al Oueste salvaje
noche y día cincuenta y cien leguas
la mar llana y siempre buena
quebaban atrás las mujeres el oro que traía
pintado en la carta de su imaginación
toda la noche oyeron cantar pájaros
sugar mister le decían los otros por ahí ocultos
el releía para atrás los días y prefería hacerlo como
si hubiese muerto
y ya nadie pensara en él
toda la noche oyeron pasar pasos sirenas bombas
había mucho oro piedras hembras cayéndose desde
sus collares hasta sus cuerpos
toda la noche oyeron pasar helicópteros perros sirenas
cuanto más señales de tierra veían que salían vanas
tanto más crecía el miedo
anduvieron doce millas por hora por dos horas y más
todas las noches oyeron sirenas tanques detonaciones
pero siempre a lo lejos
lejos
el oro tenía muchas formas
música había música electrónica
y tiempo
mujeres cayéndose desde sus cuerpos a la tierra
toda la noche oyeron pasar música mujeres gritos
aullidos
quejidos
amor
continuaban de ese modo el viaje
ocultos
doliéndose recordándose de las señales que habían visto
toda la noche oyeron pasar pájaros frutas ráfagas
hasta que se hizo el silencio
del cielo caía una nube de ceniza
no había peces:
oro
hembras
leche había

Sea of Ash (Quevedo)

He steered a path toward the Wild West
night and day one hundred and fifty leagues
the sea always calm and clear
the women the gold he brought stayed behind
daubed on the map of his imagination
all night they heard birds singing
sugar mister the others hidden there told him
he reread the days backward and preferred
to play dead
so nobody would think about him
all night they heard passing footsteps sirens bombs
there was countless gold rocks women falling from
their necklaces to their bodies
all night they heard passing helicopters dogs sirens
the more signs of land they saw that appeared in vain
the more their fear grew
they walked twelve miles an hour for two or more hours
all night they heard sirens tanks explosions
but always in the distance
far away
the gold took many shapes
music there was electronic music
and time
women falling from their bodies to the ground
all night they heard passing music women shouts
howls
groans
love
they continued their journey that way
hidden
feeling pain remembering the signs they'd seen
all night they heard passing birds fruits gusts of wind
until it hushed
from the sky an ash cloud was falling
there weren't fish:
there was gold
women
milk

y variados tipos de muerte
de hambre de miedo de amor de frío de risa
y engaño
y sueños.
Sueños son éstos
y espejismos.

and different kinds of death
from hunger fear love cold laughter
and deception
and dreams.
These are dreams
and mirages.

Mar del sol naciente

A Diego y Simón

Los ojos, como los
soles,
van adquiriendo su brillo,
su configuración definitiva,
a medida que el tiempo se aleja
de su nacimiento;
primero, dos uvas grises,
opacas,
que se van abrillantando poco a poco
desde sus extremos,
como si las alumbraran desde dentro;
después, la claridad que, no cabe
duda, ya es mirada.
El filo del amanecer en altamar
termina de explicarlo todo.
Después,
los esfuerzos inútiles, pero constantes
para que una nube de opio como la de Baudelaire
no los opaque prematuros, neonatos,
pegándoseles en el cerebro
de una vez para
siempre.

Sea of the Rising Sun

to Diego and Simón

Eyes, like
suns,
begin acquiring their glow,
their complete form,
as time recedes
from their birth;
first, two dull grapes,
opaque,
glowing brighter and brighter
from their borders,
as if lit from within;
then the clarity that, no
doubt, is now a gaze.
The edge of dawn on the high seas
stops its explanations.
Afterwards,
the useless but constant attempts
so an opium cloud like Baudelaire's
won't darken them prematurely, tiny infants,
implanting themselves in the brain
once and
for all.

Cathay

Cada cosa relumbraba con el brillo que soñaban
tus ojos; había perros que jamás ladraron,
había avecitas salvajes mansas por nuestras casas,
había casas sin orden de calles por aquí y por allá,
las casas eran de ramas de palma y muy hermosas,
entre ellas se caminaba sin miedo a los autos,
a los reflejos vagos,
a los brillos indeterminados,
todo era orgánico de carne latiente,
el mar subía y bajaba lento
en sus sístoles y diástoles azules,
estaban los ojos de Diego de Simón
la claridad de sus miradas alumbraba el recinto,
cada cosa relumbraba con el brillo que soñaban tus ojos,
había cuatro muros de tejidos sangrientos muy hermosos,
la arquitectura deste mundo exudaba su material ventral,
tocaban música electrónica:
de las entrañas de nuestras ciudades surge la piel
que vestirá el mundo
cantaban Los Prisioneros: desollados como culebras,
un último semáforo nos alumbraba los bajos deseos,
los bajos fondos
del alma,
había perros que jamás ladraron,
avecitas salvajes mansas en nuestros ojos,
cada cosa relumbraba con el brillo de tu ojo,
había mares como cuerpos no al revés,
una nube de opio nos sobrevolaba las mentes,
hubo fiesta,
una muñeca de Bellmer ascendió al Reino de los Cielos,
nosotros nos concentrábamos en un círculo,
una especie de ronda,
nos hacíamos Uno en una especie de ronda,
de las entrañas de nuestras ciudades surge la piel que
vestirá el mundo, cantábamos una especie de ronda, creo,
creo que había una puta borracha de oro que
bailaba muerte, pero pudo ser un espejismo,
una puta con pintura de oro a brocha gorda;

Cathay

Each thing glowed with the brilliance your eyes
dreamed of; there were unbarking dogs,
there were harmless little birds around our houses,
there were houses here and there not ordered into streets,
the houses were splendid, made of palm leaves,
you could walk fearlessly among them to the cars,
to the vague reflections,
the hazy lights,
everything was organic from throbbing flesh,
the sea rose and fell slowly
in its blue systoles and diastoles,
there were the eyes of Diego of Simón,
their clear gaze lit up the enclosure,
each thing glowed with the brilliance your eyes dreamed of,
there were four walls of lovely, bloody fabric,
This world's architecture oozed its womb,
there was electronic music:
from the bowels of our cities emerges the skin
that will dress the world
Los Prisioneros were singing, brazen as snakes,
a final traffic light lit up our darkest lust,
the depths
of our souls,
there were unbarking dogs,
harmless little birds in our eyes,
each thing dazzled with your eye's brilliance,
there were seas like bodies that weren't inside out,
an opium cloud sailed over our minds,
there was a celebration,
a Bellmer doll ascended to the Kingdom of Heaven,
we formed a circle,
a kind of round,
we all became One in a kind of round,
from the bowels of our cities emerges the skin that
will dress the world, I think we were singing a kind of round,
I think there was a drunk golden whore who
was dancing death, maybe it was a mirage,
a whore sloppily painted gold;

Cry, Baby, mira lo que han hecho con tus pechos,
los habitantes de la ciudad se recogían como la marea sobre
las arenas y se va haciendo el vacío
(el escenario que representa la ciudad queda
completamente vacío y las luces se apagan lentas,
lumínicos, semáforos, ventanas, a la manera de un
disolvimiento cinematográfico)

Cry, Baby, look what they've done to your breasts,
the city's inhabitants withdrew like the tide over
sand, leaving a void
(the set representing the city remains
empty and the lights fade slowly,
neon signs, traffic lights, windows, like a
cinematic dissolve)

Cipango (Poe)

Estábamos en un pozo
o en la representación silenciosa de un pozo
todo esto está en las esferas
en las pinturas de mapamundos
hay fotografías que iluminan todo aspecto de cosas
maravillosas,
oro en los ojos, oro en los lóbulos, oro en los culos,
apareció una mujer toda vestida de negro,
la seguimos,
cinco leguas, diez cuadras, atravesamos las cuadrantes
de algo que parecía un infierno o boite,
un fuerte color rojo se difundía sobre horribles
pinturas de sangre,
cien ojos se clavaban en ti, no, en tu cuerpo,
brillaban con un resplandor lúgubre,
la imaginación no puede admitirlas como reales,
pero estamos en Cipango,
habíamos entrado al amanecer en la ciudad,
decían que era la tierra del Can,
no había oro en los ojos,
no había oro en los lóbulos,
no había oro en los culos,
ni ojos ni lóbulos ni culos,
un puro pozo,
última Thulé del deseo, no, de todos los castigos,
al respirar,
la emanación del hierro candente
penetraba hasta las oscuras concavidades del cerebro,
pero no había nadie,
la ciudad estaba desierta,
por todas partes penaban ánimas,
aunque el silencio no era tal en Cipango,
había murmullos, a lo lejos,
avecitas salvajes, perros que jamás ladraron,
los ojos fijos brillaban con un resplandor cada vez más
intenso,
el silencio no era tal en Cipango,
los ojos refulgían desde algún centro de Poder

116

Cipango (Poe)

We were in a pit
or in the silent representation of a pit
all this is in the spheres
in paintings of world maps
there are photographs illuminating all aspects
of marvelous things,
gold in the eyes, gold in the earlobes, gold on the asses,
a woman in black appeared,
we followed her,
five leagues, ten blocks, we crossed the quadrants
of something like an inferno or nightclub,
a powerful red spread over horrible
paintings of blood,
a hundred eyes stared at you, no, at your body,
they shone with a gloomy radiance,
they couldn't be real,
but we're in Cipango,
we'd entered the city at dawn,
they said it was the land of the Khan,
there wasn't gold in the eyes,
there wasn't gold in the earlobes,
there wasn't gold on the asses,
neither eyes nor earlobes nor asses,
only a pit,
an Ultima Thulé of desire, no, of all punishments,
with each breath,
a flow of white-hot iron
pierced the dark hollows in our brains,
but no one was there,
the city was deserted,
everywhere lost souls suffered their pain,
even though silence wasn't like that in Cipango,
in the distance there were murmurs,
little birds, unbarking dogs,
their staring eyes shone with a radiance more and more
intense,
silence wasn't like that in Cipango,
their eyes gleamed from a source of Power

117

imposible de determinar,
por los brillos,
las refracciones,
el rojo,
el cristal polarizado,
la ciudad estaba desierta,
las calles se llenaban de animales,
avecitas salvajes,
perros,
nos frotamos el cuerpo con grasa aceite animal,
para atraerlos,
oro no había,
decían que esta era la tierra del Can,
de Goldfinger,
ahora que un cielo polarizado nos cubría las nucas,
en la plaza los animales se comenzaron a juntar,
gruñir, acercar,
sus ojos refulgían en sus cuerpos
como desde algún centro de Poder
imposible ya de determinar,
respirábamos enfermos,
nos sumergíamos en un murmullo como de sueño,
ahí empezó la rotación,
la ciudad comenzaba a rotar,
Cipango era un círculo concéntrico y nuestros cuerpos dentro,
al principio los voraces animales
quedaron parados y asustados,
sus ojos fijos brillaban con un resplandor cada vez más
intenso,
entonces, se encendieron todas las luces,
todos los muros y el hierro de los muros,
rojas las luces en las ventanas, los dientes, los semáforos,
estábamos en Cipango, la tierra de Can,
ahora Goldfinger comenzaba a materializarse,
nos comenzó a dar calentura por verle,
el fuerte color rojo se difundía como pintura de sangre,
última Thulé de todos los deseos y todos los castigos,
brilló el oro,
los ojos comenzaban a hacerse materiales,
anochecía en Cipango.

impossible to name,
through the glow,
the refractions,
the red,
the polarized glass,
the city was deserted,
the streets filled with beasts,
little birds,
dogs,
we greased our bodies with animal fat
to lure them to us,
there wasn't any gold,
they said this was the land of the Khan,
of Goldfinger,
now that a polarized sky covered our napes,
in the plaza the beasts began to gather,
to growl, to come closer,
their eyes gleamed in their bodies
as if from a source of Power
now impossible to name,
we were sick men breathing,
we sank into a murmur like sleep,
that's when the turning began,
the city began turning,
Cipango a concentric circle and inside it our bodies,
at first the voracious beasts
were frozen and scared,
their staring eyes shone with a radiance more and more
intense,
then all the lights came on,
all the walls and the iron on the walls,
red lights in the windows, teeth, traffic lights,
we were in Cipango, land of the Khan,
now Goldfinger began to take shape
and the sight of him warmed us up,
the powerful red was spreading like a painting of blood,
an Ultima Thulé of all desires and all punishments,
the gold shone,
the eyes began taking shape,
night was falling in Cipango.

Tebas

Cry, Baby,
mira lo que han hecho con tus pechos,
están cubiertos de polvo de vientos,
yo, con estas mismas manos que digo, traté de darles santa
sepultura
contra todas las interdicciones del Poder absoluto,
del polvo de viento;
con las muertas es pobre industria, Almirante,
se te enfría el bajo vientre y la mente,
sus cuerpos no figuran en las pinturas de mapamundos,
en las cartas alucinantes destas ciudades;
a mi me acusaron
porque me había travestido para sepultarte,
porque me había ornado, incrustado oropel, pedrerías, oro falso
en el cuerpo;
pero era lo menos que podía hacer después de haber dado la
vuelta a la ciudad entera contigo de la mano,
tu parecías abrir la espesura de las calles
con tu fluorescente complexión,
era lo menos que te debía después de haber bajado al río,
al húmedo infierno azul a mojarnos los pies,
se podía pisar lo prohibido, pero más allá no, la ciudad
estaba rodeada de muros y
los muros de la ciudad eran nada más que una tapia
tapiada de musgos y corazones sangrientos
el Cerro Caracol,
el Cerro Amarillo,
exudaciones de amantes muertos en plena clandestinidad
de sus babas, de sus cuerpos paranoicos,
bestiales, lo peor;
esto era en la ciudad más triste del Universo,
Tebas en un cine de barrio,
una mancha de color azul en la tela del valle,
pero grumosa,
corporal,
de vientre, así:
las luces, las boites, los caracoles fatigados de mercaderes
eran tu cuerpo esperando sepultura,

Thebes

Cry, Baby,
look what they've done to your breasts,
they were coated with wind-dust,
and with the same hands I'm telling you this, I tried to give them a
    Christian
burial
against all the prohibitions of absolute Power,
of wind-dust;
dead women are a bad deal, Admiral,
your mind and groin go cold,
their bodies don't appear in paintings of world maps,
in the hallucinatory maps of These cities;
I was accused
because I'd dressed in drag to bury you,
because I'd adorned my body with incrusted tinsel, cheap stones,
fake gold;
but that was the least I could do after
walking all over the city holding your hand,
you seemed to open the crush of the streets
with your fluorescent complexion,
the least I owed you after going down to the river,
to the damp blue inferno to cool our feet,
we could have stepped on what was forbidden, but not beyond, the
    city
was surrounded by walls and
the city walls were only adobe
plastered with moss and bloody hearts,
Cerro Caracol,
Cerro Amarillo,
oozings from clandestine dead lovers
from their drool, their paranoid bestial
bodies, the worst things;
this was in the saddest city in the Universe,
Thebes in a local theater,
a blue stain on the fabric of the valley,
but lumpy,
corporal,
from the gut, like this:

era injusto que los pájaros carroñeros y los perros,
los peores depravados del Reino, cuando tú
ya no sabías ni leer ni escribir ni a poco hablar;
estabámos en Tebas, no cabía duda,
los decorados las máscaras el dolor,
pero la tragedia era demasiado para esto que narramos ya tan
tarde en la noche y sin saber dónde queda el Norte
de borrachos;
ahora sería major hablar de justicia.
Cry Baby, mira lo que han hecho con tus tetitas de perra joven,
ahora caen como ubres de perra vieja,
eso es la justicia,
pero ahora ya la ciudad comienza sobregirar sobre su eje, roja,
y todo este rojo es un impulso falso, una trampa pobre
que se abre a nuestros sentidos
de infames enamorados de su literatura;
pero todo era nada más para echarte la cantidad de tierra
necesaria, de polvo de viento:
era necesario hacerte justicia, chuparte las tetas en pleno
escenario aunque se venga Tebas abajo;
nos habíamos vuelto viejos, Almirante, crueles,
rumiando para nosotros solos todo el Poder deste mundo virgen,
desta urbe virgen, cuerpo, tan rica,
pero que tuvo que desfallecer, agonizar primero,
como el caballo amarillo que vimos llegando,
(agonizaba en la esquina del baldío de la calle Orompello)
para poder comenzar a Ser.

the lights, the nightclubs, the spiral malls tired of merchants
were your body awaiting burial,
it was unfair that the buzzards and dogs,
the most depraved in the Kingdom, when you
could no longer read or write or even speak;
we were in Thebes, no doubt about it,
the decorations the masks the pain,
but the tragedy was too great for what we're telling
so late at night without knowing which way is North
for drunkards;
it would be better now to speak of justice.
Cry Baby, look what they've done to your young bitch's teats,
now they fall like an old dog's udders,
that's justice,
but now the city begins to spin on its axis, red,
and all this red is a fake impulse, a cheap trick
of blackguards in love with their literature
that awakens to our senses;
all just to toss the right amount of earth,
of wind-dust, on you:
it was necessary to do you justice, to suck your breasts
on center stage even though Thebes might fall;
we'd become old, Admiral, cruel,
contemplating just for ourselves all the Power of This virgin world,
This virgin city, such a rich body,
that must weaken, agonize first,
like the yellow horse we saw arriving
(dying on the corner of the vacant lot on Orompello Street)
so it could begin to Be.

Boite Tropicana

Entramos a la lúgubre luz de esta boite
cuando la Catedral daba la medianoche,
nada por aquí, nada por allá, como santos,
el horizonte completamente despejado, dos aves, a lo más
nada significativo en el azul,
el cielo era un culo cóncavo inmóvil porque le daba, justa,
la celeste luz debida;
no volverá a haber otra noche como ésta,
nos dijo la voz
ni sueño más sublime más demoníaco más total,
todo les será concedido,
y las maravillas deste país estaban todas ahí reunidas,
herbolarios, zoología, hagiografía,
helechos,
pudús,
equidnas,
San Sebastián de Yumbel,
era una sensación como de caminar desnudos por la calle
besando el pavimento a la vez que el cielo y ambos,
cielo,
pavimento,
eran la boca de una mujer pintada a lápis,
pero no sobre papel,
sobre carne,
sobre carne pura, cruda, estrellada, latiente,
un firmamento absoluto de carne
donde se puede nadar con lo más imaginario,
pero también con lo más corporal,
redonda,
de barro,
este mundo era redondo y de barro,
una atroz esfera chorreante,
hicimos abluciones de semen y agua de mar,
nada más alucinante y salvador,
aquí hay toda clase de cosas para el espíritu, inimaginables
y santas,
entre el frenesí y la lástima,
la lástima y el ardor,

124

Tropicana Nightclub

We entered the gloomy light of this nightclub
when the Cathedral struck midnight,
nothing here or there, like saints,
no clouds on the horizon, two birds at most,
nothing meaningful in the blue,
the sky an immobile concave ass because it gave off
just the right celestial light;
there will never be a night like this,
the voice told us
or a dream more sublime more demonic more complete,
everything will be delivered to you,
and the wonders of This country were all gathered there,
herbalists, zoology, the history of saints,
ferns,
pudús,
equidnas,
San Sebastián of Yumbel,
it felt like walking naked through the street
kissing pavement and sky at the same time and both of them,
sky
and pavement,
were a woman's mouth painted with lipstick,
but not on paper,
on flesh,
on pure, raw, starry, throbbing flesh,
an absolute firmament of flesh
where you could swim with the most imaginary,
but also the most corporal things,
round,
made of mud,
this world was round and made of mud,
an enormous dripping sphere,
we performed ablutions with semen and seawater,
nothing more hallucinatory or redemptive,
there are all kinds of things here for the spirit, unimaginable
and holy,
between frenzy and pity,
pity and ardor,

el ardor y el recogimiento,
las indias y las putas nos lavaban las heridas abiertas
en el alma
con sus aguas,
qué más pregunto yo para estos tiempos y lugares,
para este remoto bestiario
que más que estas muertes y las pasiones que dellas
extrajimos,
zumos corporales,
que nos aliviaban por las noches, en sueños,
de todas las torturas
a las que fuimos sometidos.

ardor and shelter,
the Indians and whores cleaned the wounds
in our souls
with their juices,
what more can I ask for this time and place,
this remote bestiary,
what more than these deaths and the passions
we extracted from Them,
oozing fluids
that relieved us at night, in dreams,
of all the tortures
we had to endure.

Argel

Saavedra: que, a pesar mío, sin saber lo que era,
me vi el marchito rostro de agua lleno.
Ofrecióse a mis ojos la ribera.

—Cervantes

El polvo de vientos barrió las calles,
ahí donde estaba tu cuerpo en la ciudad,
aunque tallada a lluvia en las fachadas
de los hoteles,

se llevó tus especias, tu pelo, tu bálsamo,
tus pechos que ya iban en pleno tránsito
del barro, del más no poder, la pobredumbre,
la muerte, al fin;

fue injusto ya que tu no sabías nada del Universo,
la mierda, el rock, los sueños: te barrieron
no más al márgen como papeles o preservativos o
colillas de cigarros, baba, cenizas, semen, todo
eso que el viento quiere, se nutre, se hincha;

ya las calles de la ciudad quedaron tan vacías,
tan sin ti, tan sin maravilla,
que me dije nos dijimos todos, para esta ausencia
tantas millas ganas ardor dolor sueño?

Se había declarado el Estado de Sitio,
las calles vacías, los lumínicos brillaban para
la muerte; los cuerpos eran la danza de la
muerte por los bulevares atestados de objetos.

Ahora el mundo se poblaba
de animales
sustitutos de tu
cuerpo.

Todo esto era en Argel, la ciudad más triste
del Universo; no puede haber ciudad feliz

128

Algiers

*Saavedra: in spite of myself, without knowing what it was,
I saw a withered face full of water.
The shore offered itself to my eyes.*

—Cervantes

Wind-dust swept through the streets,
there where your body lay in a city
that though shaped by rain on hotel
facades,

carried your spices, your hair, your balm,
your breasts already moving at full speed
from mud, from the very limit, from putrefaction,
finally, Death;

it was unfair since you knew nothing about the Universe,
shit, rock 'n roll, dreams: They swept you
right to the border like papers or condoms or
cigarette butts, drool, ashes, semen, everything
the wind desires, feeds on and swells;

now the city streets remained so empty,
so much without you, so much without awe,
that I told myself we all told ourselves, so many miles
desires ardor pain dreams for this absence?

A State of Siege had been declared,
the empty streets, the luminous signs were shining for
Death; the bodies were the dance of
Death along the boulevards packed with objects.

Now the world was peopled
with animals,
substitutes for your
body.

All this was in Algiers, the saddest city
of the Universe; no city could have been happy

repleta de prisioneros y putas: por todas partes
penaban las ánimas, y nosotros, cautivos del

deseo de seguir vivos por nuestros cuerpos,
nos perseguimos por los bulevares atestados de
objetos, máscaras, sombras chinas, fantasmagorías,
la guerra era a muerte, cuerpo a cuerpo,

inacabable como si todo transcurriera en un
juego de video:
el deseo nos estallaba contra los ojos,
como sol.

full of prisoners and whores: everywhere
souls suffered their pain and, captives of

our desire to stay alive through our bodies,
we pursued each other along the boulevards packed with
objects, masks, shadow play, phantasmagorias,
the war was to the death, hand-to-hand combat,

unending as if everything were happening in a
video game:
desire exploded in our eyes,
like sun.

Tenochtitlan

Los vacíos entre nuestros dientes son el oro
que perdimos,
dije,
para salvarnos, para salvar la ciudad,
son como avisos de neón de ciudadela pobre,
fluorescencias quemadas,
todo lo dije para que nos creyeran,
aquí me tiene a mí, a última hora,
este cuerpo nada de despreciable, estos pechos vivos,
zurcados de venas como caminos, derroteros hacia
el deseo de cualquiera,
azules,
latientes,
calientes,
nuestros cuerpos todos vivos que más oro nada imaginario,
pudimos ser papel lustre,
fotografías viejas de una raza ya extinta sin más huella
que las fotos obscenas de tiempo,
nuestros cuerpos son islas de tierra seca,
para varar,
atracar,
descansar,
beber,
embalsamarse a sí mismos;
pero debían saber que los vacíos en nuestros dientes eran
el oro perdido,
el tesoro de la Sierra Madre podrido
en estas vísceras (las muestro para que el público se espante)
oro acuoso,
ventral,
tan líquido como la imaginación que nos guiaba
el periplo por los huecos de la boca.

Tenochtitlan

The holes between our teeth are the gold
we lost,
I said,
to save ourselves, to save the city,
they're like neon signs, burnt-out fluorescent
announcing a poor citadel,
I said all that so they'd believe us,
here you have me in my final hours,
nothing contemptible about this body, these breasts alive
and furrowed with veins like roads coursing toward
anyone's desire,
blue,
throbbing,
hot,
our bodies all alive what more can you ask gold nothing imaginary,
we could be glossy paper,
old photographs of a now-extinct race with no other trace
than time's obscene photos,
our bodies are islands of dry land,
to run aground on,
to draw alongside,
to rest,
to drink,
to embalm themselves,
but they should have known that the holes in our teeth were
the lost gold,
the rotten treasure of the Sierra Madre
in these viscera (I show them to scare the audience)
oozing
watery gold,
as fluid as imagination guiding
our voyage through holes in our mouths.

La calle última

Nosotros tenemos una visión pegada a las pupilas
que data de nuestro primer año de vida
en este barrio sudamericano:
como en la novela de Genet, todos los días,
una carroza de pompas fúnebres atraviesa frente al
frontis desquiciado del Yugo Bar.
El Yugo Bar es una esquina miserable, amarilla y triste
de Prat.
Vemos, todos los días, una carroza de pompas fúnebres
descender lentamente por Prat.
Pero no sabemos si son datos de la conciencia o restos
del sueño que permanecieron engañosos hasta las
primeras luces del día.
Nosotros tenemos una visión pegada a las pupilas:
vemos cada hora, una carroza de pompas fúnebres
descender lentamente por Prat;
puede explicarse por ser Prat la calle de Concepción
que conduce al Cementerio General.
Nosotros tenemos una visión pegada a las pupilas
que data de nuestro primer minuto de vida en este barrio
sudamericano; como en la novela de Genet,
todos los días, minuto a minuto,
se verá una carroza de pompas fúnebres descender por Prat,
la última calle de Concepción,
la que conduce al vacío.

The Last Street

We have a vision stuck to our pupils
that dates from our first year of life
in this South American barrio:
like in Genet's novel, every day,
a hearse crosses in front of
the unhinged facade of the Yugo Bar.
The Yugo Bar is a miserable, sad and yellow corner
on Prat street.
Every day, we see a hearse
passing slowly along Prat.
But we don't know if it's a conscious fact or scraps
of a dream that deceived us until
first daylight.
We have a vision stuck to our pupils:
every hour we see a hearse
passing slowly along Prat;
maybe it's because Prat is the street in Concepción
that leads to the General Cemetery.
We have a vision stuck to our pupils
that dates from our first minute of life in this South American
barrio; like in Genet's novel,
every day, minute by minute,
a hearse is seen passing along Prat,
the last street in Concepción,
the one that leads to the void.

III
El último viaje / The Last Voyage

Acabarás tus días,
Cristóbal,
acabarás tu vida de perro.

You will end your days,
Christopher,
You will end this dog's life.

—Mayakovski

Océano de las tempestades

Ojos nunca vieron la mar tan alta,
fea y hecha espuma.
El viento no era para ir adelante
ni daba lugar para correr hacia algún cabo.
Allí me detenía en aquella mar fecha sangre,
herbiendo como caldera por gran fuego.

Ocean of Storms

No eyes ever saw the sea so high,
so furious, so covered with foam.
The wind didn't let us advance
or tack toward some cape.
I lingered on that sea made of blood,
seething like a cauldron on a mighty fire.

En aquella mar fecha sangre

Despertó en la última calle de Concepción, varado:
miró los muros de la patria suya,
si un tiempo fuertes, ya desmoronados;
ahora se abría el vacío,
un vacío que era una ventana,
una ventana como túnel, velocísimo,
este túnel desembocaba ya en el hielo, ya en el silencio:
el panorama era un mar en calma,
petrificado,
fluorescente,
engañoso,
azul, azul de violencia contenida;
habían pasado algunas horas desde que el mar se hizo esta
placenta fosforescente,
estrellando las últimas casas,
como si fueran rompeolas;
después de un corto sueño, estábamos nuevamente en el
despertar,
con el alba blanca metida como mugre en el ojo,
una sucia mañana como mariposa nocturna
ahogándose en las pupilas,
y la sal por todo oro,
el maldito oro,
ese yodo impregnando la lengua,
el aroma a algodón a piltrafa como si todo eso albo fuera
el mar,
manso,
manso y mentira,
un mar blanco la ciudad lentamente emanando
su madrugada de hospital;
nuestra tripulación de sombras
había perdido los fetiches en la huida,
habíamos olvidado las palabras mágicas en el miedo:
—¿Silencio, amor, pez?—
la visión se había vuelto un torbellino pálido,
un trombón de cuerpos y soledad.

On That Sea Made of Blood

He awoke stranded on the last street of Concepción,
gazed upon his country's walls,
so powerful once, now a withered ruin;
now the void was opening up,
a void that was a window,
a window like a tunnel, at incredible speed,
this tunnel now flowed into ice, now into silence:
the panorama was a calm sea,
petrified,
fluorescent,
deceptive,
blue, the blue of contained violence;
several hours had passed since the sea became that
phosphorescent placenta,
crashing into the last houses
as if they were seawalls;
after sleeping awhile, again
we woke,
the white dawn flung in our eyes like muck,
a dirty morning like a nocturnal butterfly
drowning in our pupils,
salt crusting all the gold,
the accursed gold,
that iodine impregnating our tongues,
the scent of cotton scraps as if all that white
were the sea,
calm,
calm and a lie,
the city a white sea slowly emanating
its hospital dawn;
our crew of shadows
had lost their fetishes during the flight,
out of fear we'd forgotten the magic words:
—Silence, love, fish?—
the vision had turned into a pale whirlwind,
a trombone of bodies and solitude.

Cotton Club

A Billie Holiday

El Cotton Club de Concepción
se levantaba con la fuerza de la magia negra
en las sombras,
hotel, monasterio, manicomio,
soplaba el viento a través de los muros almenados
y las barbacanas,
lo habíamos rodeado con guardias armadas y perros corsos,
y a las indias y a las putas
les orlamos el pecho y el cuello de cuentas
verdes
para que fulguraran en lo oscuro,
para seguirlas por los pasillos como a sueños,
luciérnagas de carne;
adentro,
apestaba a fantasma de negros,
Billie Holiday, la zombie, nos calentaba desde el otro
mundo,
esa música olía a entraña,
a pierna,
a vientre,
se estaba bien,
por las paredes chorreaba seminal el líquido de fantasma
de negro,
parecían manchas de humedad,
grisuras del estuco,
pero era la presencia de la muerte,
el símbolo del Poder sobre las dos caras de la vida;
el deseo era la arquitectura misma del edificio,
los muros derruidos se agazapaban en la sombra
como a punto de saltar,
panteras negras en lo más negro de la selva,
vírgenes,
hambrientas;
eran los tiempos de la prohibición.

Cotton Club

to Billie Holiday

The Cotton Club of Concepción
rose up with the force of black magic
from the shadows,
hotel, monastery, insane asylum,
wind blew through the battlements
and barbicans,
we'd surrounded it with armed guards and pirate dogs,
as for the Indians and whores,
we draped their breasts and throats with green
beads
so they'd glow in the dark,
so we could follow them through the passageways like dreams,
fireflies made of flesh;
inside,
it stank of the ghosts of blacks,
Billie Holiday, the zombie, warmed us up from the other
world,
her music smelled of entrails,
limbs,
and guts,
it was alright,
over the walls semen dripped from the ghosts of
blacks,
they looked like water stains,
gray stucco patches,
but it was Death,
a symbol of Power over the two faces of Life;
desire was the building's very architecture,
the ruined walls were hiding in the shadows
as if about to leap,
black panthers in the blackest jungle,
hungry
virgins;
it was the time of prohibition.

El cuerpo atrapado en el hielo (Melville I)

Aunque pocos conservamos el juicio,
lo que vimos fue más o menos esto:
la ciudad era un glaciar,
el humo y la niebla se esparcían
por el aire fétido a muerte lenta,
a madrugada azul empozada en el recuerdo, azul
también el recuerdo,
nada aquí era presencia
los cuerpos se adivinaban apenas por los brillos vagos,
insectos celestes,
peces luminosos agonizando en el aire,
las nubes olían a pleamar,
a vacío,
una india muy pálida se retorcía entre los adoquines,
los adoquines eran de hielo,
esta india se retorcía sobre el hielo,
se meneaba sola,
la mostraba
el pelo le caía blanco como musgo polar sobre las tetas,
se meaba,
fulguraba;
cuando se encendieron todas las luces de todas las calles,
la marrana quedó atrapada en un cubo de hielo;
el tiempo era frío,
Almirante,
cruel,
las provisiones escasas,
el agua que caía del cielo era salobre;
todo esto fue en la época de la prohibición,
el año que rodeamos la ciudad de guardias armados
y pintamos de blanco las casas de la putas:
todo, para darles la pureza del poder divino,
todo, para surtiera efecto el amor;
elefantes blancos, parecían
toros pálidos,
gorilas albinos;

The Body Trapped in Ice (Melville I)

Although few of us are still sane,
what we saw was more or less this:
the city was a glacier,
smoke and mist scattered
through the fetid air's slow-motion death
on a blue dawn entombed in our memory,
our memory also blue,
nothing here was presence,
bodies were barely visible through the vague glow,
celestial insects,
luminous fish dying in the air,
the clouds smelled of high tide,
of emptiness,
a pallid Indian was writhing on the paving stones,
the cobblestones were made of ice,
that Indian writhed on the ice,
she was shaking all alone,
she displayed it,
her hair white as polar moss fell over her tits,
she pissed on herself,
she glowed;
when all the lights on all the streets came on,
that sow was trapped in a block of ice;
the weather was cold,
Admiral,
cruel,
provisions were scarce,
brackish water fell from the sky;
all this happened in the time of prohibition,
the year we surrounded the city with armed guards
and painted the whorehouses white:
all of them, to give them the purity of divine power,
all of them, so that love would produce its effect;
they looked like white elephants,
pale bulls,
albino gorillas;

pero igual, las provisiones escaseaban,
los cuerpos no gozaban
y la lluvia, salobre,
embarraba de café, café las calles.

but all the same, provisions were getting scarce,
bodies no longer desired
and the brackish rain
was splashing coffee, the streets coffee.

Madre Tenebrarum (Melville II)

Nos ensombrecía el pensamiento ver esta ciudad
así tan blanca, inmóvil,
esas casas varadas como barcos,
esos barcos tristes, como monasterios,
la tripulación era enferma, lumpen, engañosa,
el cargamento de esclavos senegaleses del Santo Domingo,
oscuros frailes caminando entre sus claustros,
sombras chinas imposibles de rebelarse
contra sus cuerpos,
el cabecilla era un negro del Senegal,
oscuro como estas mismas noches y cruel,
después le arrancaron la cabeza
y la colgaron en un gancho de la Plaza de Armas
con los ojos vueltos hacia la iglesia de
San Bartolomé;
todo esto para confirmar
que cualquier intento de rebelión
será sofocado;
por esos días se había declarado el escorbuto en
Concepción,
—Todo esto transcurría en Haití, no sabemos bien,
la mente se nos ha cansado,
emblanquecida,
los recuerdos se nos desvanecen,
es necesario anotarlo todo—
así, empezamos por darle nombres a la negra,
cansarla para evitarla,
condensar el Universo
en la blancura calcárea que brillaba al fondo de sus
cuencas,
pero eran espejismos tramposos esas ausencias de ojos,
fatas morganas hacia el Cecil Bar,
el Cotton Club de Concepción,
cuando lo descubrimos emergiendo de la niebla.

Madre Tenebrarum (Melville II)

It darkened our thoughts to see this city
like that, so white, immobile,
those houses stranded like boats,
those sad boats like monasteries,
the crew was sick, lumpen, full of deceit,
the cargo of Senegalese slaves from Santo Domingo,
dark friars ambling through their cloisters,
shadows incapable of rebelling
against their bodies,
the ringleader was a black from Senegal,
dark as those nights, and cruel,
later they tore off his head
and hung it on a hook in the Plaza de Armas,
with its eyes turned toward the church of
St. Bartholomew;
all this to smother
any attempt
at rebellion;
those days they'd declared there was scurvy in
Concepción,
—All this happened in Haiti, we're not really sure,
our minds are tired,
blanked out,
our memories vanishing,
we need to take notes—
so we began by giving names to *la negra,*
wearing her out in order to avoid her,
condensing the Universe
into the limed whiteness shining from the depths of her
sockets,
but those absent eyes were a mirage,
fatas morganas around the Cecil Bar,
the Cotton Club of Concepción,
when we discovered it emerging from the mist.

Varados (Melville III)

A Juan Pablo Riveros

Esta es la crónica de los hechos
ocurridos a bordo de la nao Rights of Man,
varada durante las noches y los días
de tres meses consecutivos
sobre aquella mar fecha sangre
del litoral de Chile
en el Golfo de Arauco
frente a una oscurecida isla llamada Santa María;
primero tocaron jazz,
desde unos altoparlantes dispuestos con pasión
en las costas de la Santa María,
entre luces parpadeantes, deslizantes,
feroces luces como peste negra, pero brillantes;
esas luces,
esa música,
nos empezó a dar la calentura.
¿Has escuchado alguna vez a la Billie Holiday
por los últimos años
de su miserable alcohólica y drogada vida?
Era la fiebre negra,
pero estuvimos ahí mirando la Santa María encendida,
esa boite falsa como oasis,
hasta eyacular por los ojos
todo lo que teníamos de mirada;
entonces quedamos ciegos,
hasta que a la Billie Holiday se le gastó la voz,
después sólo fue el mar,
las olas crueles golpeando el Rights of Man,
en un principio de silencio:
estaban ejecutando, Almirante, no cabía duda,
mientras tu remontabas el Orinoco
pasándote la película del Paraíso Terrenal,
estaban ejecutando en la puta Santa María.

Stranded (Melville III)

to Juan Pablo Riveros

This chronicles the deeds
which occurred on board the ship *Rights of Man,*
stranded night and day
for three straight months
on that sea made of blood
off the coast of Chile
on the Gulf of Arauco
facing a dark island called Santa María;
first they played jazz
from some loudspeakers arranged with passion
along the coastline of Santa María,
among flickering, sliding spotlights,
lights fierce as plague, but shining;
those lights,
that music,
began to warm us up.
Have you ever listened to Billie Holiday,
in the last years
of her miserable, alcoholic, drugged life?
It was black fever,
but we were there watching Santa María all lit up,
a nightclub fake as an oasis,
until everything we held in our gaze
spurted through our eyes;
so we were blind,
until Billie Holiday's voice wore out,
then there was only the sea,
the cruel waves beating against the *Rights of Man,*
announcing silence:
they were executing, Admiral, no doubt about it,
while you ascended the Orinoco,
inventing that tale about the Earthly Paradise,
they were executing people on that fucking island.

153

Viaje sin regreso

Esto fue lo que vi, Vuesas Altezas,
pero hay resabios de sueños
que se mezclan engañosos con lo real,
confundiéndonos;
todo transcurría en Prat,
la calle de Concepción que conduce al Cementerio General:
como una luz imperceptible
algo fulguraba hacia atrás, hacia el puente,
eran luces como de feria,
luces como de rueda de la fortuna o carrusel,
todo eso giraba muy triste,
sus lilas, sus rojos, sus magentas,
eran luciérnagas marginales, desteñidas,
giraban marinos, putas, chiquillos escuálidos, hindúes
cenicientos,
pero eso era no el Ganges,
eso era el puro Bío Bío inmóvil sobre su lecho,
ahí entré a un túnel negro,
su boca la sellaban dos cortinas fantasmas;
entre esa muerte de utilería,
entre todo ese horror falso,
a mi lado,
había una mujer de pelo largo como manto como sudario,
una mujer lánguida tan triste como el decorado;
los flash del miedo, los destellos del celofán
le amorataban avulvándole los labios,
hacían tumefacta la intermitencia de su presencia,
pero era de carne y hueso,
la toqué, lo juro, y era de carne y hueso,
entonces,
el falso horror se trocó en horror,
a secas,
puro,
animal
cerval;
ella me miró:
puta o mesonera de bar,
estaba ahí mirándome

154

Journey of No Return

This was what I saw, Your Highnesses,
but there's an aftertaste of dreams
that mixes deceptively with what's real,
confusing us;
it all happened on Prat,
the street in Concepción that leads to the General Cemetery:
like a faint light
something glowed in the background, near the bridge,
like carnival lights,
like lights from a wheel of fortune or carousel,
all of it turning so sadly,
its lilacs, its reds, its magentas,
were faded fireflies at the rim,
sailors, whores, filthy kids, ash-smeared Hindus
were turning,
but it wasn't the Ganges,
it was just the Bío Bío stagnant in its riverbed,
that's where I entered a black tunnel,
two ghost curtains sealed its mouth;
in the middle of that staged death,
amid all that fake horror,
by my side
there was a woman with long hair like a cloak like a shroud,
a languid woman sad as the scenery;
flashes of fear, sparkling cellophane
turned her purple, sexing her lips,
they made her blinking presence swell,
but she was flesh and blood,
I touched her, I swear it, and she was flesh and blood,
then
fake horror turned into real horror,
only
pure,
animal,
deerlike;
she looked at me:
whore or barmaid,
she was right there watching me

155

al centro mismo de un viaje sin regreso
por el vientre de monstruos falsos del tren fantasma:
yo sabía que pronto saldríamos a las luces,
a los wattios que poblaban la noche
como de estrellas desteñidas,
por eso le tomé la mano en las sombras,
estaba tibia,
como una víscera blanda de raso fino,
cuero,
tejidos,
sangre;
íbamos en silencio entre el miedo impúber,
primordial
del tren fantasma;
como de las pesadillas de esto se despierta lento, pensé,
pero el paso por las luces exteriores fue fugaz,
ya de nuevo estábamos ahí embutidos en lo negro,
en lo rojo desteñido,
entre los relámpagos y truenos de triste utilería,
baboseados por las telarañas de plástico,
viudas negras y vampiros y licántropos,
íncubos o súcubos,
todo de cartonpiedra,
magro,
estéril ese horror;
han pasado mucho años desde entonces, Vuesas Altezas,
ya mis ojos se acostumbraron a las sombras,
ya mis ojos leen la tiniebla,
a veces, entre el paso fugaz por la luz,
creo distinguir la madrugada azulina o el anaranjado crepuscular
tiñiendo el flash de la ciudad,
entre los diablos parpadeantes
del cartonpiedra infernal.

in the middle of a journey of no return
on a ghost train through the belly of fake monsters:
I knew we'd soon approach the lights,
watts populating the night
like dwindling stars,
so I took her hand in the shadows,
it was warm,
like a soft viscera of fine satin,
leather,
fabric,
blood;
we moved in silence amid the ghost train's
pre-teen,
primordial fear;
we wake slowly from nightmares like this, I thought,
but our passage was brief through the lights outside,
once again we were crammed into black,
into faded red,
among lightning flashes and the thundering of sad props,
dripped on by plastic spiderwebs,
black widows and vampires and werewolves,
incubi or succubi,
everything was papier mâché,
flimsy,
a sterile horror;
many years have passed since then, Your Highnesses,
now my eyes are accustomed to shadows,
now my eyes can decipher the dark,
sometimes, in the fleeting light,
I can almost distinguish the bluish dawn or orange dusk
staining the flash of the city,
among blinking devils
of hellish papier mâché.

Asesinato en la Plaza Isabel La Católica

Estábamos rodeados de niebla blanca,
de luces rojas,
de cuerpos pálidos;
fue entonces, nuestros pasos resonaban como los pasos
del Otro en lo negro,
cuando ocurrió el crimen:
era la Plaza Isabel La Católica
iluminada por seis faroles magros espejeando
los espectros de sus luces en el mar de musgo
seminal de la pileta;
el muerto cayó de bruces en lo negro
y lo negro se hizo el charco viscoso de la sangre,
mientras el asesino, mágico,
se diluía en sombra, destellos, silencio, oquedad:
"Los muertos viajan veloces", murmuró alguien en lo negro
los versos de *Leonor;*
pero no estábamos en Transilvania,
habíamos caído por chicha, magros,
estábamos en la Plaza Isabel La Católica,
frente al Cotton Club de Concepción;
nos sabíamos pálidos,
trémulos frente al crimen,
la muerte irrevocable y veloz;
Concepción proseguía su curso,
los semáforos,
las luces, los brillos,
las putas y las indias arremolinándose como gaviotas sobre
el pez destripado, el muerto,
muerto,
solitario,
lejos,
se iba rodeando de una esfera total.

Murder in the Plaza Isabel La Católica

We were surrounded by white mist,
by red lights,
by pale bodies;
it was then, when our steps looked like
the Other's in the dark,
that the crime occurred:
it was in the Plaza Isabel La Católica,
lit by six feeble streetlamps,
their spectral lights mirrored in the basin's
seminal mossy sea;
the dead man fell face-down into blackness
and that blackness became a viscous pool of blood,
while the murderer magically
blended into shadow, flashes, silence, hollowness:
"The dead travel swiftly," someone murmured in the blackness,
verses from *Leonor;*
but we weren't in Transylvania,
we were falling-down drunk on chicha, skinny men,
we were in the Plaza Isabel La Católica,
facing the Cotton Club of Concepción;
we knew we were pale,
trembling in the face of the crime,
death irrevocable and swift;
Concepción followed its course,
traffic signals,
lights, flares,
whores and Indian women flocking like gulls around
a gutted fish, the dead man
dead,
solitary,
distant,
being surrounded by a complete sphere.

Mar de la peste

El olor de la noche
antes de la lluvia
se posaba como un organismo marino, prehistórico,
sobre el aire;
tanto triste cuerpo daba pena de ver,
pero brillaban las cuentas verdes que les dimos en lo
negro
y nos agarraban por el deseo;
había fiesta en la ciudad,
en el más completo silencio
y sin siquiera rozarnos los cuerpos,
pero era fiesta esta noche de San Jorge,
esta noche de brujas liberadas;
todo esto transcurría en el baldío de Tucapel con Cruz,
en plena Libertad,
ya estamos a muy entrada la noche,
el aire se había hecho orgánico y daba asco,
de la Libertad cayeron sobre el caballo amarillo
si era, acaso, amarillo
y caballo, y no yegua
una yegua parda y roma;
ahora el esqueleto humeaba bajo la lluvia,
imposibles pedacitos de carne se hinchaban con el agua,
que quiere que le hagamos, Almirante,
las provisiones eran escasas, la lluvia salobre no
saciaba
la sed,
cualquier cuerpo de vuelta a los tugurios del Este
nos prendía el deseo,
nos calentaba la sangre en las venas;
los cuerpos eran panteras,
negras,
en lo más negro de la calle,
vírgenes,
hambrientas:
Pequeños asesinatos se reproducían en las sombras.

Sea of the Plague

The smell of night
before rain
alighted like a prehistoric sea creature
on the air;
so many sad bodies it pained us greatly,
but the green beads we gave them in pitch darkness
glowed
and seized us with desire;
there was a celebration in the city
in absolute silence,
we didn't even brush against each other,
but tonight was the celebration of Saint George,
the night of liberated witches;
all this happened on the vacant lot at Tucapel and Cruz,
in the middle of Libertad,
it was already late at night,
the air had turned organic, making us sick,
in Libertad they fell on the yellow horse
which maybe was yellow
and a stallion, not a mare,
a grayish, stubby mare;
its skeleton now steamed beneath the rain,
impossible flesh chunks swelling with water,
what did you want us to do, Admiral,
provisions were scarce, the brackish rain didn't
sate
our thirst,
any body returning to the Eastern slums
would seize us with desire,
would heat the blood in our veins;
the bodies were panthers,
black,
on the blackest street,
hungry
virgins:
Little murders were reproducing in the shadows.

Mar de los sueños

Iba por los oscuros barrios
palpándosela por entre los hoyos del pantalón
y hasta en los más oscuros barrios
le manaban fuentes
de lágrimas
chopos de esperma,
estos prados de su pensamiento los regaban aguas
ventrales,
azufrosas,
pero crecían y brillaban y proliferaban en la sombra;
todo lo que traía en la carta alucinada de su
mente
se pintaba y despintaba como
sueño,
en las pantallas de los muros,
en los teatros de los baldíos,
avecitas salvajes mansas entre las casas de las putas,
perros que jamás ladraron y
panteras, negras en lo más negro de las calles,
vírgenes,
hambrientas;
todo eso veía y como Baudelaire avanzaba sin miedo
entre las figuras,
luces,
maniquíes,
putas,
flechas,
ráfagas;
todo lo que pensaba crecía ante sus ojos
mientras se la palpaba por entre los hoyos del pantalón;
partenogénesis de alquitrán,
humo,
ladrillos,
tevinil y cemento;
pero hasta en los más oscuros barrios le manaban
fuentes, chopos, surtidores

Sea of Dreams

He passed through dark barrios,
touching himself through holes in his pants
and even in the darkest barrios
fountains poured from him,
tears,
poplars of sperm,
oozing,
sulphurous waters
sprinkled those meadows in his thoughts
but they grew and shone and multiplied in the shadows;
everything he carried in the hallucinated map of his
mind
was painted and unpainted like
a dream,
on the screens of walls,
in the theaters of vacant lots,
harmless little birds among the whorehouses,
unbarking dogs and
panthers, black on the blackest streets,
hungry
virgins;
he saw all that, how Baudelaire moved fearlessly
between the figures,
lights,
mannequins,
whores,
arrows,
gusts of wind;
everything he thought about was growing before his eyes
as he touched himself through holes in his pants;
parthenogenesis of tar,
smoke,
bricks,
formica and cement;
but even in the darkest barrios
fountains, poplars, springs

de aguas brillantes,
áureas,
que aparecían y desaparecieron a los golpes dorados de la
luz.

of aureal shining waters
poured from him,
appearing and disappearing in gold bursts of
light.

Mar de las multiplicaciones

Cuando llovió, la ciudad se hizo refractaria,
se multiplicaron los reflejos acostumbrados,
se duplicó el miedo,
cada uno cargaba con un doble húmedo a cuestas,
las sombras de los cuerpos se adelgazaron, temblorosas,
como fuegos fatuos relumbraban y se hacían reflejo,
otro, otro y otro más,
cuando llovió fuimos mil millones de habitantes,
todos fantasmas,
traslúcidos,
espectrales,
con el gesto del miedo pintado a lápis en la cara,
historietas empapadas,
diapositivas de barro proyectadas en el tiempo,
en el aire,
cuando llovió todo fue reflejo dual, spectral,
las cunetas se llenaron de peces rojos ahogándose en el
aire,
chapoteaban, coleteaban, viscosos,
como entrañas de sueño ahí materializadas bajo la lluvia,
cuando llovió todos fuimos ahogados a la deriva
y más lúbricos
con este aroma a perro mojado,
a gato escaldado;
a las hembras se les pegaba la falda a los muslos
mientras se sumergían y emergían
de la espuma gris que supuraban las alcantarillas
y subía por las construcciones,
por las casas,
como derritiéndolas; cuando llovió
las calles se colmaron de ahogados, de muertos por agua,
los cuerpos rebasaron el nivel
empapados de sus propias babas,
caracoles oligofrénicos,
celestes,
enfermos,
mientras levantábamos la cara al cielo,
la cara empapada al cielo inclemente que nos mea,

Sea of Multiplications

When it rained, the city refracted,
the usual reflections multiplied,
fear duplicated,
everyone carried a wet double on his back,
shadows of bodies grew thinner, trembling,
like will o' the wisps they glowed and became reflections,
another, another, and yet another;
when it rained we were a thousand million inhabitants,
all of us ghosts,
translucent,
spectral,
expressions of fear painted with lipstick on our faces,
anecdotes soaked to the skin,
color slides of mud projected on the weather,
on the air,
when it rained everything was reflection, spectral,
ditches filled with red fish drowning in the
air,
they splashed, flapped their tails, they were viscous,
like entrails of sleep materialized beneath the rain,
when it rained we all drowned, cast adrift
and became more slippery
with this aroma of wet dog,
of scalded cat;
women's skirts stuck to their thighs
as they submerged and emerged
out of gray foam oozing from sewers
and rising through structures
and houses,
as if it were melting them; when it rained
the streets filled with the drowned, the dead killed by water,
bodies flowed over curbs
soaked in their drool,
imbecilic snails,
celestial,
sick,
as we raised our faces to the sky,
our soaked faces to the inclement sky that pisses on us,

que nos cubre con ese sudario de orín,
que se descolgaba en sedas y poleas verdes
y nos lamía los pubis,
nos babeaba la mente.

that coats us with this shroud of urine,
falling with silk and green pulleys,
lapping our crotches,
drooling on our minds.

Mar de los desechos

Todo lo que pensaba crecía ante sus ojos,
magro,
hembras, sobre todo, diáfanas,
núbiles,
transparentes,
y prostíbulos
inconmensurables prostíbulos de esplendorosos
vitrales,
y maniquíes que había tras esos vitrales,
impúberes cuerpos de cera y desnudos,
el iba pensando nadar manso en toda esa cera,
y sucedía,
se derretía la cera de los cuerpos falsos entre sus
dedos como mantequilla
y le chorreaba los bajos fondos del alma,
así iba,
pensando y haciendo,
sudoroso,
turbado,
impuro,
esta ciudad le crecía por los ojos por partenogénesis
pura,
santa,
enferma,
crecía la ciudad como una burbuja de baba,
de esperma,
de agua de mar, y adentro siempre cuerpos,
impúberes y lisos,
creciendo como tenues mariposas de carne transparente,
trocitos de carne latiente a punto de la muerte,
del amor,
las indias y las putas eran de cera para sus yemas,
y así avanzaba por una ciudad que se hinchaba orgánica por
sí misma ante sus ojos,
todo crece bajo mi mirada, se decía,
todo se multiplica por mi puro deseo,
soñaba el estrecho corredor de las calles
o las torres de los cuerpos y lo mismo,

Sea of Ruins

Everything he thought about was growing before his eyes,
everything skinny,
above all, diaphanous, nubile,
transparent
women
and brothels,
enormous brothels with resplendent
windows,
and mannequins behind those windows,
naked pre-teen bodies made of wax,
he thought about swimming through all that wax,
and then it happened,
the fake wax bodies melted like butter
between his fingers,
flowing deep into his soul,
he went along like that,
thinking and doing,
sweaty,
disturbed,
impure,
before him this city grew through parthenogenesis,
pure,
saintly,
sick,
the city grew like a bubble of spit,
of sperm,
of seawater, and inside there were always bodies,
sleek and pre-teen,
growing like fragile butterflies of transparent flesh,
chunks of flesh beating time to Death,
to Love,
the Indians and whores were wax for his fingertips,
and that's how he advanced through a city swelling organically
all by itself before his eyes,
everything grows beneath my gaze, he told himself,
everything multiplies purely for my desire,
he dreamt of narrow passages of streets
or towers of bodies and it was the same,

todo proliferante, falso,
la cera de la piel, las bolitas de vidrio de los ojos,
la estopa de los pelos,
todo lo que pensaba crecía ante sus ojos,
así era su ciudad hinchándose por sus ojos,
una burbuja de sangre,
un círculo de sal,
una inconmensurable extensión de humo,
de pura imaginación.

everything proliferated, fake,
the wax skin, little glass balls for eyes,
a mop for hair,
everything he thought about was growing before his eyes,
that's how his city swelled before his eyes,
a bubble of blood,
a circle of salt,
a boundless swath of smoke,
of pure imagination.

Mar del deseo

Una lluvia de peces caía sobre el Reino de la Muerte,
al sur del mundo;
el iba oscuro, magro, sin sombra, buscando un cuerpo;
cuando la mirada,
como mariposa nocturna negra,
se le posaba sobre un cuerpo, brillaba,
como si viera el oro;
pero oro no había,
noche había, muchas noches
y la muerte deslizándose por esas noches,
la muerte como un barco fantasma navegando esas noches,
él iba a tumbos,
se varaba en las esquinas,
babeaba,
le pintaban de rojo el cuerpo los semáforos entre la niebla,
sinuosa,
espesa,
se sentía como un perro,
la lluvia lo llenaba por dentro como sangre,
la lluvia se le empozaba en los bajos fondos del alma;
iba así,
turbio,
pensando en los dorados destellos del amor,
pero amor no había,
signos había,
premoniciones,
advertencias,
todo su derrotero de calles era una advertencia,
sobre la tierra,
el polvo,
el humo,
la sombra,
nada;
así, yendo como un perro, llegó a los límites de la
ciudad, brumosos;
en una punta de tierra halló dos maderos muy grandes,

Sea of Desire

Fish rained over the Kingdom of Death,
at the southern end of the world;
he walked along, dark, scrawny, shadowless, looking for a body;
when his gaze
alit on a body
like a black nocturnal butterfly, it shone
as if it saw gold;
but there wasn't gold,
there was night, many nights,
and Death sliding through those nights,
Death like a ghost-ship steering through those nights,
he fell down,
wandering into corners,
drooling,
traffic lights through fog painted his body red,
the fog sinuous,
thick,
he felt like a dog,
rain filled him like blood,
rain burrowed deep into his soul;
he walked along like that,
gloomy,
pondering love's golden flashes,
but there wasn't love,
there were signs,
premonitions,
warnings,
his whole path through the streets was a warning,
over the earth,
dust,
smoke,
shadow,
nothing;
walking along like that, like a dog, he arrived at the
foggy city limits;
on a patch of earth he discovered two huge planks,

uno más largo que el otro,
y el uno sobre el otro hechos una cruz:
—*Di lo que deseas* —dijo una voz en off.
—*Maese, solo deseo tu Poder.*

one longer than the other,
one laid over the other forming a cross:
"*Say what you desire,*" said a voice offstage.
"*Master, I only desire your Power.*"

Mar de la crisis

Todo esto transcurre en la fuente de soda Llanquihue
incendiada tantos años atrás;
había putas pálidas como pinturas sobre los muros,
marinos densos emergiendo desde el humo,
fugados de la Santa María devorando las salchichas;
yo abría mis manos para que una húngara
—el personaje que representaba esa noche a la muerte—
leyera mis líneas:
son amplias carreteras, dijo, pero desembocan en un
accidente fatal,
autopistas imaginarias que te llevan a una ciudad
imaginaria, como Cipango;
pero estábamos varados en la fuente de soda Llanquihue
incendiada tantos años atrás,
ahora un boquerón mudo entre dos edificios fluorescentes,
un boquete de miedo poblado por fantasmas de putas,
de marinos,
de fugados de la isla Santa María;
ahí, como en la novela de Genet, un cliente pronunció
una palabra mágica: "Pederasca";
entonces,
el Llanquihue se metamorfoseó
en el chino verde pintado en la puerta afelpada del fondo,
junto al negro piano,
como si diera a un fumadero de opio;
pero opio no había, alcohol había,
llamas,
quejidos
y el humo,
una espesa columna de humo subiendo hasta el cielo,
elevándose soberana más allá de nuestros edificios más
altos,
un hermoso incendio ardió durante toda la noche,
nos fulguró sobre los cuerpos desesperados,
desnudos,
ardieron las putas,
los marinos,
los de la isla Santa María,

Sea of Crisis

All this happens at the Llanquihue soda fountain
burned down so many years ago;
there were whores pale as paintings on the walls,
a crowd of sailors emerging from smoke,
fugitives from Santa María island devouring sausages;
I opened my hands so a Hungarian woman
—the character who that night represented Death—
could read my palm:
they're open roads, she said, but they end in a
fatal accident,
imaginary highways carrying you to an imaginary
city, like Cipango;
but we were stranded at the Llanquihue soda fountain
burned down so many years ago,
now a mute gaping maw between two fluorescent buildings,
a breach of fear peopled by ghosts of whores,
of sailors,
of fugitives from Santa María island;
over there, like in Genet's novel, a client pronounced
a magic word, "Pederasque";
then
the Llanquihue transformed
into the green Chinese man painted on the felt door in back,
next to the black piano,
as if leading to an opium den;
but there wasn't opium, there was alcohol,
there were flames,
groans
and smoke,
a thick column of smoke rising to the sky,
rising sovereign above our highest
buildings,
a gorgeous fire burned all night,
it flashed over our desperate, naked
bodies,
the whores, the sailors,
the ones from Santa María island
were burning

179

hacía un sol de los mil infiernos,
pero era una noche azul de pleno verano;
yo, entonces, abrí mis manos
para que la húngara
—el personaje que representaba esa noche el amor—
leyera en mis líneas:
"Una lluvia de peces caerá sobre el Reino de la Muerte" . . .
tras los vidrios,
un crepúsculo interminable, cruel,
encapotaba Concepción.

under the sun of a thousand Hells,
but it was a blue night at the height of summer;
then I opened my hands
so the Hungarian woman
—the character who that night represented Love—
could read my palm:
"Fish will rain over the Kingdom of Death . . ."
through the windows
a never-ending, cruel dusk
was cloaking Concepción.

Mar de la serenidad

El día que tembló la tierra
Y fue destruido el villorrio que llamábamos nuestra
ciudad,
—¿lo soñamos, fue ilusión? —
un caballo amarillo galopaba Orompello abajo el tiempo,
las putas habían salido a la calle en corpiños,
eran como novicias, como palomas blancas bajo el rojo
ya enfermo del cielo,
parecía que todo acababa con el sonido de los cascos
perdiéndose hacia el Oeste,
donde debía estar el mar;
pero ahí le crujieron los huesos a la ciudad,
a lo abisal de las calles,
con furia,
asco,
ardor.
La Concepción temblaba como bajo la luz de una vela,
como si la ciudad se masturbara entera hasta el alma.
¿Has visto parir a las indias, Almirante, a las putas
colgadas de las ramas de un avellano,
de las perillas doradas de los catres de bronce,
tragándose el dolor para adentro,
mientras muerden el paño gris, el mismo con que se limpian
los restos de esperma,
y expulsan la bolsa sanguinolenta de un nuevo ser a la ciudad?
Era eso mismo, todo crujía igual,
y brotaba de los alcantarillados la placenta café de
La Concepción
y se esparcía barriendo las calles con su olor
a musgo intestinal;
sombra,
la ciudad se hizo sombra,
y las verdaderas sombras ocuparon el lugar de los hombres,
puras sombras deambulaban por la ciudad,
las sombras no sienten el dolor,
no sangran,
desaparecen al primer vestigio de luz;
el amanecer nos borrará a todos, pensaba yo,

Sea of Serenity

The day the earth shook
and the village we called our city
was destroyed,
—did we dream it, was it an illusion?—
a yellow horse was galloping time down Orompello street,
the whores had gone to the street in corsets,
they were like novices, white doves beneath the now sickly
red sky,
everything seemed to be ending with the sound of hulls
sinking toward the West
where the sea should have been;
but there the city's bones creaked
down to the underwater depths of the streets,
with fury,
disgust
and ardor.
Concepción trembled as if beneath candlelight,
as if the city were masturbating down to its soul.
Have you seen Indians give birth, Admiral, whores
hanging from the branches of a hazelnut tree,
from the gilt knobs of bronze cots
gulping down pain,
while they bite the same gray rags they use to
wipe off sperm,
and expel the bloody sack of a new being into the city?
It was the same, everything creaked,
and from the sewers the coffee placenta
of Concepción
bloomed and scattered, brushing the streets with its smell
of mossy guts;
a shadow,
the city became a shadow,
and men were replaced by shadows,
pure shadows ambled through the city,
shadows don't feel pain,
they don't bleed,
they disappear at the first sign of light;
dawn will erase us all, I thought,

183

testigo presencial destos hechos,
el Yugo Bar, la Tropicana Boite, el Hotel King
habían desaparecido
y en sus lugares se abrían cráteres lunares,
cenicientos.

present witness of These deeds,
the Yugo Bar, the Tropicana Nightclub, the Hotel King
had disappeared
and in their place opened up lunar craters,
full of ash.

El estrecho de la culpa

Iba rumbo al sudoeste de la ciudad
donde debía estar el mar,
iba así como un campesino medieval mirando los surcos de la
tierra,
pero tierra no había,
eran adoquines, pavimento agrietado,
vagaba buscando un cuerpo palpable,
merodeaba,
iba así con las manos en los bolsillos rotos tocándosela,
llovía tan triste ese día,
merodeó abandonado de sus antiguas mujeres,
abandonado de toda su tripulación de sombras,
iba con la carta de los cuerpos pegada a la mente,
dejó atrás los derruidos cines donde nacieron sus amores
imaginarios,
dejó atrás el pórtico de la iglesia de San Bartolomé
donde colgaba la cabeza del senegalés,
dejó atrás los atrios, los capiteles, las capillas
de todos los templos ya saqueados por la desbordada multitud,
atrás quedaba el mundo conocido,
atrás los desteñidos avisos luminosos de las calles del
centro,
atrás los adoquines de Orompello, de Bulnes,
una pequeña multitud se agrupaba junto a un muerto,
lo cubrían amarillas hojas de diario,
no podemos librarnos de nuestros malos pensamientos,
no podemos librarnos de nuestros malos deseos —decían
por altoparlante—,
atrás quedaba ya el baldío de Tucapel con Cruz,
atrás La Libertad,
caminaba en dirección al Sudoeste donde debía estar el mar,
dejó atrás las últimas mediaguas como hematomas en el barro,
atrás el último cuerpo deseable que vio,
se la iba tocando por entre los hoyos del mojado pantalón,
atrás quedó la última señal,
la última perdida luz
entonces, desembocó:
en una punta de tierra halló dos maderos muy grandes,

The Strait of Guilt

He headed southwest in the city
where the sea was supposed to be,
he walked along like a medieval peasant watching furrows in the
earth,
but there wasn't earth,
there were paving stones, cracked cement,
he walked along, looking for a warm body,
looting along the way,
he walked along, his hands in his torn pockets, touching himself,
it rained mournfully that day,
he looted, abandoned by his old wives,
abandoned by his crew of shadows,
he walked along with the map of their bodies stuck in his mind,
he left behind the tumbled-down movie theaters where his
    imaginary loves
were born,
he left behind the portico of Saint Bartholomew's
where the head of the Senegalese man hung,
he left behind the atriums, columns, and chapels
of all the temples sacked by the overflowing crowd;
behind him the known world,
behind him the faded glowing signs along the city center's
streets,
behind him the paving stones of Orompello and Bulnes streets,
a small crowd gathered around a dead man,
covering him with yellowed newspapers,
"we can't free ourselves of evil thoughts,
we can't free ourselves of evil desires," they were saying
over a loudspeaker,
behind him the vacant lot at Tucapel and Cruz,
behind him La Libertad,
he headed Southwest, where the sea was supposed to be,
he left behind the last shacks like hematomas in the mud,
behind him the last desirable body he would see,
he touched himself through holes in his wet pants,
behind him the last sign,
the last forgotten light
then he came to the sea:
on a patch of earth he discovered two huge planks,

uno más largo que el otro,
y el uno sobre el otro hechos una cruz:
—*Di lo que deseas* —dijo una voz en off.
—*Maese, sólo deseo hacer el mal.*

one longer than the other,
one laid over the other forming a cross:
"*Say what you desire,*" said a voice offstage.
"*Master, I only want to do evil.*"

Lago de los sueños (Tríptico)

I. Mar del néctar

Entonces, halló una ribera de agua muy hermosa
y dulce,
y salía tan fría por lo enjuto della;
había un prado muy lindo y palmas muchas y altísimas,
más de las que había visto;
halló nueces grandes de las de la India,
creo que dice,
y ratones grandes, de los de la India también
y cangrejos grandísimos;
había aves y un tremendo olor a almizcle:
creyó era el prado de Los Milagros de Nuestra Señora,
creyó que había muerto, porque andaba desnudo,
entre las tantas palmas de ese prado,
como esas palmas que crecen en el centro de Chile
y de cuyo tronco mana una miel espesa,
caoba transparente,
como si fueran cuerpos esas palmas y rezumaran los
ventrales jugos;
eso iba pensando, tal vez por su completa desnudez;
había una jirafa toda de leche,
transparentándose,
como esculpiéndose a si misma hacia el cielo celeste,
profundo;
ese cielo no podía dañarle la mirada,
era un cielo lejano de silencio,
como una hoja en blanco,
y una bandada de pájaros apenas trazados había
y estos pájaros aparentaban (que aquí todo
aparenta a la mirada) ser
la única ruptura de esa armonía feroz;
la virgen también se transparentaba de desnuda,
de leche,
núbil,
sin vello púbico bajo el vientre,
las trenzas de miel le caían por el pasto.

Lake of Dreams (Tryptic)

I. Sea of Nectar

Then he discovered a shore of lovely
fresh water
that ran so cool along its slender length;
there was a fair meadow, many towering palm trees,
more than he'd ever seen;
he discovered huge nuts, the kind from India,
I think he's saying,
and giant mice, from India, too,
and enormous crabs;
there were birds and a powerful musk smell:
he believed it was the meadow of Our Lady of Miracles,
he believed he'd died as he walked naked
among all the palm trees in that meadow,
like palms in the middle of Chile
whose trunks flow with thick honey,
transparent mahogany,
as if they were bodies oozing
their wombs;
that's what he was thinking, maybe out of sheer nakedness;
there was a giraffe made of milk,
turning transparent,
as if sculpting itself into the deep celestial
sky;
that sky couldn't hurt his gaze,
it was a distant sky of silence,
like a blank page,
and a flock of birds faintly outlined
appeared (the way everything here
appears at a glance)
as the only crack in that ferocious harmony;
the virgin was also turning transparent from nakedness,
from milk,
nubile,
no maidenhair below her navel,
her honey tresses falling on the grass.

191

II. Mar de los vapores

Ese día, de los seis mancebos que tomó del río
de Mares,
que mandó que fueran prisioneros al Hotel King
se huyeron los dos más viejos;
entonces, rodeó Prat de guardias armados,
los seis mancebos que tomó en el río de Mares
andaban libres, fugados,
desnudos en el crepúsculo tan rojo como el río,
el los imaginaba hermosos, desnudos,
ocultos en los baños de las fuentes de soda,
cubriéndose sobre los sucios muros
para ocultarse
él iba verga en mano por las márgenes del río de Mares,
rojo, brumoso, turbulento,
y su cuerpo también se le hacía rojo
no sabía si de sangre, crepúsculo o deseo;
podía ser la agonía del sol sobre los baldíos,
6 mancebos desmoronándose
hacia los márgenes de la ciudad, acezantes,
desnudos,
los hilos de la baba por las comisuras de sus labios
se teñían de rojo,
por la luz,
por los reflejos que aparentaban sangre,
que aquí todo aparentaba a la mirada.

III. Mar de los humores

Y halló un pez, entre muchos
otros, que parecía un propio
cuerpo, no como tonina, el
cual dizque era todo concha
muy tiesa, y no tenía cosa
blanda sino la cola y los o-
jos, y un agujero debajo della
para expeler sus superfluida-
des; mandólo salar para lle-
varlo que viesen los Reyes.

II. Sea of Vapors

That day, of the six youths he pulled from the Ocean
River,
and ordered imprisoned in the Hotel King
the two oldest fled;
so he surrounded Prat street with armed guards,
the six youths he pulled out of the Ocean River
went free, fugitives,
naked in the river-red dusk,
he imagined them naked and handsome,
hidden in the bathrooms of soda fountains,
covering themselves up against the dirty walls
to hide themselves,
holding his cock, he followed the shore of the Ocean River,
red, foggy, turbulent,
and his body also turned red
whether from blood, dusk or desire he didn't know;
it could be the sun dying over vacant lots,
6 youths dissolving
into the city's borders, panting,
naked,
threads of drool at the corners of their mouths,
stained red
by the light,
by reflections like blood,
the way everything here appeared at a glance.

III. Sea of Humors

And he discovered a fish, among
many others, its body seemed
human, unlike a dolphin;
they said it was shell
clamped tight and none of it
was soft except tail and
eyes, with a hole underneath
to expel fluids; he had
it salted and taken away
for the King and Queen to see.

Mar de los cangrejos

Se te desvanecerán los poderes,
se te hará magro el cuerpo y los pensamientos,
te quedarás sin santos en la corte,
y eso,
en este mundo despiadado,
significa el infierno y la muerte;
una lluvia de peces caía sobre el Reino de la Muerte,
también caía la noche,
peces reventados por los neumáticos de los autos,
frío había,
mucha noche,
lluvia como si el cielo fuera un mar desbarrancándose;
una vendedora de avellanas te meneaba
el culo con tristeza, pero la tenías magra,
húmeda de lluvia y no de deseo;
nada más te ibas recordando los nombres del oro,
tuob,
en la parte occidental de La Española;
caona,
en la primera parte de la isla;
nosay,
en El Salvador y otras islas;
lo obtuviste tomando polvo de azufre y disolviéndolo
con amoníaco y arsénico;
lo obtuviste tratando a las gentes destas tierras
como si fueran las de Africa;
pero estábamos en Tebas, Chile, al sur del mundo,
y llovía como si el cielo fuera un mar desbarrancándose;
entre las manos, ahora, el oro se te hacía
sangre,
esperma,
lágrimas
(la cara de un crucificado);
había barro entre los adoquines de Orompello,
había semen entre los lirios vaginales,
había costillas abriéndose paso entre los cuerpos,
y cangrejos,
cangrejos que salían de los alcantarillados,

Sea of Crabs

Your powers will disappear,
you will wither in body and mind,
you will have no friends in high places,
and that
in this merciless world
means hell and death;
fish were raining over the Kingdom of Death,
night was falling too,
fish exploded by car tires,
it was cold,
late at night,
raining as if the sky were a plunging sea;
a hazelnut vendor shook
her sad ass at you, and you took the skinny thing
wet with rain, not desire;
you only remembered the names for gold,
tuob,
in the western part of La Española;
caona,
on the coast of the island;
nosay,
in El Salvador and other islands;
you got it dissolving sulphur dust
with ammonia and arsenic;
you got it treating the people of These lands
like those from Africa;
but we were in Thebes, Chile, at the southern end of the world,
and it was raining as if the sky were a plunging sea;
between your hands, now the gold was becoming
blood,
sperm,
tears
(the face of a crucified man);
there was mud between the paving stones on Orompello street,
there was semen between vaginal lilies,
there were ribs opening a path between the bodies,
and crabs,
crabs coming out of the sewers,

195

cangrejos que se te agarraban de los faldones negros,
cangrejos con los que te acurrucaste en la solera,
cangrejos con los que te arropaste entre la
lluvia y la noche,
fondeado,
aguardando el tiempo.

crabs grabbing hold of your black robes,
crabs you huddled against at the curb,
crabs you wrapped yourself in between
rain and night,
anchored,
marking time.

Bahía de la sequedad

He aquí tu herencia, Almirante:
vastos ejércitos de oligofrénicos y desalmados,
verdes como la carne que transita por la muerte,
sucios y perdidos, tanto,
que llevan su cruz real de pintura roja,
látex u óleo,
pintada en el alma;
ésta es tu herencia:
este vasto camposanto tendido hasta las mismas márgenes del
río,
todos los que aguardamos bajo el
mármol desvanecido,
putas, enfermos y corroídos del cerebro,
esta lacerada procesión de penitentes,
como si todo esto fuera en pleno XIV,
estos bailes de Saint Guy,
los sambenitos que les cuelgan a las putas de las ubres,
y nada más porque se hicieron todas al amor;
la mar estaba perdida,
no había ya regreso,
esta planicie así tan blanca no puede ser ella,
es cemento puro,
gris,
arenales que se meten en la ciudad
y empolvan las mesas, la vajilla, los muebles,
ceniza empozada en cada estante,
libro,
rincón,
ceniza que nos enceniza las sábanas,
el mismo amor,
y se te pega al cuerpo;
por eso hicimos lo que hicimos, Almirante,
y prodigamos la muerte como un fruto,
la violencia necesaria;
no se podía seguir avanzando por tu sueño
porque las blondas de encaje negro de la pesadilla

198

Arid Bay

Here's your inheritance, Admiral:
vast armies of imbecilic, soulless men,
green as flesh passing through death,
so dirty and lost
that they carry their royal crosses in red
latex or oil
painted on their souls;
this is your inheritance:
this vast cemetery stretching far as the very
river-bank,
all of us who wait beneath the
vanished marble,
whores, sick men, men whose brains are eaten away,
this flayed procession of penitents,
as if it were the middle of the 14th Century,
these dances at Saint Guy,
the Sanbenitos they hang from the whores' teats,
and just because they've dedicated themselves to love;
the sea was lost,
there was no returning,
this plain so white can't be it,
it's pure gray
cement,
sand dunes that creep into the city
and coat the tables, the dishes, the furniture with dust,
heaps of ash on every shelf,
in every book,
in every corner,
ash that covers our sheets,
love itself,
and sticks to your body;
because of this, we did what we did, Admiral,
and we squandered Death like a fruit,
the violence necessary;
one couldn't continue advancing through your dream
because in the nightmare blondes in black lace

cubrían tu mundo imaginado
con el miedo.

—¿Miedo a qué?

were covering your imagined world
with fear.

—Fear of what?

.

Mar del frío

Había tumbas tapizadas de felpa roja,
había lápidas fluorescentes,
había cráneos tremendos como mundos,
había espejismos y fuegos fatuos entre los mausoleos,
había mausoleos de hielo como mármol,
inscripciones había,
signos,
premoniciones indescifrables,
mensajes de pasión de los vivos para las muertas;
pero con las muertas es pobre industria,
se te enfría el bajo vientre y la mente,
se te queda pegado al cerebro el amor como culpa
y no responden,
no se lamentan por el cuerpo que le aguijas,
por la carne, que no les arde,
por los estertores con que los vivos nos allegamos
al vacío del deseo;
fue ahí cuando travestimos al silencio,
cuando vestimos al silencio de hembra,
cuando le colgamos cuentas verdes de las tetas y el vientre
para que brillara en lo negro;
no se podía seguir avanzando por tu imaginación,
Almirante,
una lluvia de peces caía sobre el Reino de la Muerte,
más allá,
al Sur,
el mar se iría haciendo blanco, albo,
páramo de hielo sin luz;
entonces, nos cubrimos con el manto del miedo que
crecía como la camanchaca,
pequeños fantasmas se sucedían en las sombras,
crujidos, murmullos, palpitaciones,
el cementerio estaba hecho de carne,
el cementerio entero era orgánico latiente,
nos palpábamos los cuerpos los unos a los otros para
verificarnos en lo negro;
por fin estábamos más allá de tu imaginación,
enfermos,

Sea of Cold

There were tombs covered with red felt,
there were fluorescent headstones,
there were skulls huge as worlds,
there were mirages, will o' the wisps between the mausoleums,
there were mausoleums of ice like marble,
inscriptions there were,
signs,
indecipherable premonitions,
passionate messages from living men to dead women;
but dead women are a bad deal,
your mind and groin go cold,
love sticks to your brain like guilt
and they don't respond,
they don't lament the body you prick them with,
the flesh that no longer feels ardor,
death-rattles we living men use to approach
the void of desire;
it was then when we disguised silence,
when we cross-dressed silence like a woman,
hanging green beads from her tits and belly
so she glowed in the dark;
one couldn't continue advancing through your imagination,
Admiral,
fish were raining over the Kingdom of Death;
further away,
to the South,
the sea was becoming white and clear,
a wilderness of ice without light;
then we cloaked ourselves with fear
that grew like fog,
little ghosts trailed each other in the shadows,
creaks, murmurs, palpitations,
the cemetery was made of flesh,
the whole cemetery an organic beating,
we groped each other for
verification in the dark;
we were finally beyond your imagination,
infected,

verdaderos,
totales,
estábamos ahora más allá de tu magnífica
imaginación.

real,
complete,
we were now beyond your magnificent
imagination.

Los sentidos del deseo

Corte, Vuesa Merced, la amplia manga de este harapo,
desgarre el pringoso cuello
y caerá lo blanco, lo perfecto de la perla
multiplicada,
y verá lo verde, la seducción de lo verde en
cascadas impensables,
desgárreme,
desnúdeme, Vuesa Merced, sin miedo,
y verá mi cuerpo desmoronarse en un montón
de cuentas luminosas sobre la alfombra,
pero siempre seré yo;
ahí podrá olvidar la compostura, la condición,
y tirarse dichosa sobre la pedrería
acompañada de sus infantas;
a lo más, en pleno secreto, yo me iré con la mirada
por las esferas de sus ancas regias
como por un mar manso;
cada perla te mira con las cien pupilas de sangre del
pescador
y tú sabes bien que es eso lo que las hace
estupendas;
porque tanta perla rodando sobre el rojo del terciopelo,
son mis dientes,
mis muelas,
son las lágrimas de los sacrificados,
los siglos,
el impenetrable mar,
las babas,
el esperma,
todo lo derramado en falso;
ya hicimos del amor nuestro perfecto ritual contra el miedo,
agazapados ante el horror de lo inconmensurable,
perdidos en la vaga admonición del vacío,
espesos de sal,
húmedos de las 7 formas del deseo,
sudorosos de mar,
en el vientre de la Marigalante, acezantes,
esperando el advenimiento de nuestro salvaje,

The Meanings of Desire

Cut the wide sleeve from this rag, Your Grace,
tear off the greasy collar
and white will fall, the perfection of the multiplied
pearl,
and You will see green, a seduction of green in
unthinkable cascades,
tear them off me,
tear off my clothes, without fear, Your Grace,
and You will see my body crumble in a mound
of beads glowing on the carpet;
but I will always be myself;
around here You can forget composure, rank,
and throw yourself happily on the jewels
accompanied by your princesses;
at most, concealed, I'll stare
at the spheres of your royal haunches
as if staring at a calm sea;
each pearl looks at you with the hundred pupils of a fisherman's
blood
and you know so well that's what makes them
stupendous;
because all those pearls rolling over red velvet
are my teeth,
my molars,
they're the tears of sacrificed men,
the ages,
the impenetrable sea,
drool,
sperm,
everything falsely spilled;
we've already made out of love our perfect ritual against fear,
crouched before the horror of the immeasurable,
lost in the vague warning of the void,
crusted with salt,
wet from the 7 shapes of desire,
sweaty from the sea,
in the belly of the Marigalante, panting,
waiting for the onset of our savage,

medieval
y marinero deseo; pero
nada de esto quedó en las esferas,
en las pinturas de mapamundos,
ni los perros corsos,
ni los pueblos fantasmas que vamos siendo,
las calles de viento, las ventanas que se apagan,
el sacrificio sin otro sentido que la intimidación,
lo escrito, la condena;
todas estas millas para coronarse Virrey de la Nada,
magro bufón de la Corte de los Milagros,
en este triste bulevar,
cruzado, de miedo, fetal, fétido a tinto,
en plena puerta del convento franciscano de La Rábida,
en Concepción de Chile,
mendiga o puta,
yo soy una mendiga, una puta
sin más perlas que mis dientes,
mis dientes, hermanos, que atesoro a lo Divine
en la bolsita de raso
del humo de muerte
de los 80.

medieval,
sailors' lust; but
none of this remained in the spheres,
in paintings of world maps,
or pirate dogs,
or ghost-towns we go on being,
windy streets, darkening windows,
the sacrifice meant only to intimidate,
the text, the death sentence;
all these miles to crown himself Viceroy of Nothing,
skinny buffoon from the Court of Miracles,
on this sad boulevard
crossed out of fear, fetal, fetid with red wine,
right at the door of the Franciscan convent of the Rabid One,
in Concepción de Chile,
beggar or whore,
I'm a beggar woman, a whore,
the only pearls my teeth,
my teeth, brothers, that I hoard for the Divine
in the little silk purse
of Death smoke
from the '80s.

Los sentidos de la limosna

En plena puerta del convento franciscano de La Rábida,
en Concepción, Chile, yo pido:
que para esto son las inmensas catedrales, para pedir:
aquí, donde chilla la esquizofrénica de la aldea,
aquí, donde elevan a la tapa
las más incomprensibles o-
ra-
ciones por una más puta paz,
aquí,
yo pido:
Ptolomeo me dijo que pidiera,
El Altísimo me dijo que pidiera,
el famoso florentino Toscanelli me dijo que pidiera,
que pidiera
a través de su idea del Mundo,
que sería mi idea del Mundo;
nada más por eso ensanchamos el mundo hasta esta caca áurea
del 80,
ahora,
nosotros, los peor nacidos,
nosotros, los grandísimos hijos de la Madonna,
nosotros ensanchamos el mundo, la rosa de los vientos,
la traicionera rosa:
sí, las ideas de uno pertenecen a otro que, a su vez,
a otros pertenecen y así las ideas se nos fueron por una
espiral
de mía y tuya
hasta desembocar en la incierta matriz de lo ininteligible:
lo idéntico:
la cosa es que ensanchamos la carta por pasión,
y la pasión es lo único que importa a estas alturas de la
proyección;
en plena puerta del convento franciscano de La Rábida,
yo pedía,
en Concepción, Chile,
pedía,
pedía,
pedía, que en el pedir no hay engaño;

The Meanings of Alms

Right here at the door of the Franciscan convent of the Rabid One,
in Concepción, Chile, I beg:
that's what the immense cathedrals are for, begging:
here, where the village madwoman shrieks,
here, where they raise
the most incomprehensible o-
ra-
tions to the roof for a little more fucking peace,
here,
I beg:
Ptolemy told me to beg,
The Almighty told me to beg,
the famous Florentine Toscanelli told me to beg,
to beg
throughout his idea of the World
which would be my idea of the World;
just for that we expanded the world as far as this golden turd
of the '80s,
now,
we, the lowest born,
we, the Madonna's greatest sons,
we expanded the world, the nautical rose,
the traitor rose:
yes, the ideas of one belong to another that, in turn,
belong to others and that's how we lost ideas
in a spiral,
yours and mine,
until it ended at the uncertain matrix of the unintelligible:
the identical thing:
it's that we expanded the map out of passion,
and only passion matters at this point in the
projection;
right here at the door of the Franciscan convent of the Rabid One,
I was begging,
in Concepción, Chile,
I was begging,
I was begging,
I was begging, because in begging there's no deceit;

muy baldado y fétido a bajo tinto,
más miserable y cruel que las figuras en las mediaguas,
yo pedía,
para adentro y para afuera,
que no hay engaño en el pedir, hermanos:
por eso ensanchamos el Mundo hasta esta esfera de
sangre de cordero,
hasta esta esfera de esmalte sintético
con todo el fasto de lo falso;
todo se podía con este maremagnum de efectos especiales,
reproducir el vértigo,
reproducir lo inconmensurable,
lo mínimo ininteligible,
lo máximo impalpable,
el vacío como tumor,
la plétora como cueva,
había que pedir, hermanitos, pedir maravillados,
pedir y pedir
hasta lo falso del séptimo día
de la destrucción.

hobbling and stinking of cheap red wine,
more miserable and cruel than the figures in shacks,
I was begging,
inside and outside,
because there's no deceit in begging, brothers:
for that we expanded the World to this sphere of
lamb's blood,
to this sphere of varnish
all with a false air;
everything was possible with this *maremagnum* of special effects,
to reproduce vertigo,
to reproduce the incommensurable,
the least unintelligible,
the most untouchable,
the void like a tumor,
the plethora like a cave,
one had to beg, little brothers, to beg and be amazed,
to beg and beg
until the falseness of the seventh day
of destruction.

Finis Terrae

Reverendo y devoto Padre;
cuando esta ciudad que tan pacientemente he
construido,
cuero sobre estuco,
hueso sobre adobe,
pintura sobre carne viva,
me sea finalmente arrebatada,
borradas las huellas de mi mente de las calles,
por sucia,
por impensable,
por cruel,
entonces, éste, mi mundo, se irá hundiendo lentamente
en el barro,
y aunque todos crean estar en él,
aunque el que ahora lo nombre y crea estar en él,
jefe,
condottieri,
virrey,
no estarán en ninguna parte, será un sueño,
y yo seguiré soñando este sueño de mediaguas,
de barro, de prostíbulos,
de cera,
de sangre y de baba,
de lágrimas de mar;
ahora que los navíos son innavegables
y estoy aguardando el tiempo
y los más miserables estén nombrando este mundo en mi
nombre
ya no puedo;
yo voy muy bien ataviado en lo que toca al navegar,
mas muy desataviado de para guerra, que non se puede
decir peor,
que cierto, yo non tengo armas ni artillería
ni le puedo haber;
de la misma manera como fue construida,
esta ciudad
sedimentará con mi cuerpo,
cuero sobre estuco,

Finis Terrae

Reverend and devout Father:
when this city which I've built so
patiently,
skin over stucco,
bone over adobe,
paint over raw flesh,
is finally torn from me,
the tracks of my thoughts erased from the streets
by filth,
by the unthinkable,
by cruelty,
then this, my world, will sink slowly
into mud,
and although everyone may believe they're in it,
and the one who names it believes he's in it,
boss,
condottieri,
viceroy,
they will be nowhere but in a dream,
and I will keep dreaming of shacks,
of mud, of brothels,
of wax,
of blood and drool,
of saltwater tears;
now that the ships are innavigable
and I'm marking time
and the most miserable may name this world in my
name,
I can't go on;
I'm well equipped for navigation,
but totally unequipped for war, one couldn't say
a worse thing;
clearly I have neither weapons nor artillery
nor ever could have;
in the same way this city
was built,
it will be sedimented with my body,
skin over stucco,

hueso sobre adobe,
pintura sobre carne viva;
se deshará con las huellas de mi nombre;
puede que algunas putas me recuerden,
puede que alguien de regreso al polvo por Orompello
me pise el fantasma;
puede que mi propio cuerpo travestido para siempre
vaya ya por Prat,
la última calle de Concepción,
hacia el vacío fétido
del que nunca debí
asomar.

bone over adobe,
paint over raw flesh;
it will crumble with the traces of my name;
maybe some whores will remember me,
maybe someone turning to dust along Orompello street
will tread on my ghost;
maybe my own body cross-dressed forever
already walks along Prat,
the last street in Concepción,
toward the fetid void
from which I never should have
lifted my gaze.

IV
Cipango / **Cipango**

La Anunciación

No te hundas.
Te espero en el corazón sangriento
de Cipango.

The Annunciation

Don't break down.
I'll wait for you in the bloody heart
of Cipango.

—Aurelia

Los sentidos del relato

Te voy a contar una historia,
te voy a contar una historia, paloma,
aquí en esta solitaria playa de Cipango,
desnudos tú y yo,
aunque sólo sirva para disminuir un instante de tu odio;
a esta historia miserable
la investiremos de Gesta,
de Gesta individual y podrida,
gestada entre el silencio y el cielorraso,
entre los crujidos de la noche en medio del vacío
y con el deseo como único sol fulgurando al borde
de la muerte;
esta Gesta de la Nada que te narro
debe ser como una fuente de perlas y rubí,
el blanco y el rojo confundidos
en estas sábanas junto al mar
para derramarnos al siguiente poso:
este es mi deseo: así como te he cubierto,
así como me he derramado en tu cuerpo tan joven,
así,
derramarme y cubrir este panorama desolado
que contemplamos,
mar y silencio,
rezumantes de jugos corporales,
tú y yo.
Ya se apagaban los últimos neones como emblemas
de un falso mundo luminoso,
ya se iban los 80,
la peste desbordó por estos mismos parajes:
éstas que ves frente a tu cuerpo todavía tembloroso,
pálidas y desmembradas,
a punto de apagarse para siempre al primer soplo
de verdadera pasión
son las últimas ciudades de Sudamérica:
Cipango, Tebas,
Cathay, California,
Argel, Tenochtitlan:
perros son esos que ladran en las esquinas

The Senses of the Tale

I'm going to tell you a story,
I'm going to tell you a story, little dove,
here on this lonely beach in Cipango,
both of us naked
although it might diminish only an instant of your hate;
we'll ordain this miserable story
as a Feat,
an individual, rotten Feat,
attained between silence and ceiling,
between creaks at night amid emptiness,
desire the only sun glowing at the border
of Death;
this Feat of Nothingness I'm now relating
should be like a fountain of pearls and rubies,
white and red mingled
in these sheets beside the sea
to spill us into the sediment that follows:
that's my desire, the same way I've covered you,
the same way I've spilled into your body, so young,
the same way,
to spill and cover this bleak panorama
we contemplate,
sea and silence,
you and I
oozing our fluids.
Now the last neon signs have snuffed out like emblems
of a false, luminous world,
the '80s are already gone,
plague overflowed these very same spaces:
what you see before your still-trembling body,
pale and dismembered,
ready to snuff out forever with the first breath
of real passion,
are the final cities of South America:
Cipango, Thebes,
Cathay, California,
Algiers, Tenochtitlan:
those are dogs barking on corners

contra el miedo;
viento, esos murmullos que sobrevuelan los callejones
borrando las señas de la muerte;
tiempo, eso que trascurre sin huella,
empedrando las ganas, esas momitas de nuestros pueblos;
éstas que ves son las 7 últimas ciudades de Sudamérica
como 7 planetas de barro y silencio
fulgurando sin luz propia
en 7 descampados estancos:
aunque el camuflage sea perfecto,
la ornamentación de la decrepitud y las tablas y la tierra,
esta gesta transcurre en pleno Reino del Poder;
soy el viejo Helicón y no miento,
es peligroso, paloma,
que estemos aquí en esta playa baldía
hablando como hablamos
de la muerte,
del amor,
del silencio;
es peligroso hablar así:
yo no sé nada de poesía,
sólo me sé a tu lado
en esta intemperie,
en los márgenes de Cipango,
bañados por la luna cruel.

at fear;
those murmurs are wind flying over alleys,
erasing the signs of Death;
that's time, what transpires without a trace,
paving desires, our mummified towns;
what you see are the 7 final cities of South America:
like 7 planets of mud and silence
in 7 open mires
glowing from reflected light:
although our camouflage may be perfect,
adorning decrepitude, planks and earth,
this Feat occurs at the height of The Reign of Power;
I'm the old Helicon and I don't lie,
it's dangerous, little dove,
to be on this deserted beach
speaking the way we speak
of Death,
of Love,
of Silence;
it's dangerous to speak like this:
I know nothing about poetry,
I only know I'm beside you
exposed to the weather
along Cipango's borders
bathed by the cruel moon.

La huida

Los acontecimientos que ahora recuerdo
transcurrieron durante el año
de la desmantelación de La Libertad;
erradicaron las fachadas de las mediaguas
como si fueran la caratona de una incómoda
representación: pero lo que aquí se
representaba era la Nada:
los baldíos son cráteres, pensaba yo,
porque parecía que el mundo a la redonda
era el hoyo de una magnífica explosión;
no se podía permanecer en medio de Ninguna
Parte, Vuesa Merced, por eso, como
desmesurados cuerpos empapados
emprendimos la pesada gesta del éxodo:
bajamos por los márgenes, entre fierros y
basurales, la ladera que debía dar al
mar; a nuestras mujeres se les fue haciendo
barro, lluvia, moho, liquen el cuero;
dijeron que éramos lumpen,
que parecíamos perros,
pero no éramos perros,
éramos nahual,
así sobrevivimos,
transmigrados en amarillas perras,
obliterados en azules ratas,
camuflados en fuegos fatuos, magentas,
fluorescentes,
como lluvia;
cuando llegamos al malecón, desierto, barrido por
la tormenta, entrecortado por las ráfagas
de luz,
nos esperaba el Demeter,
con todas sus velas infladas al viento;
así partimos rumbo a Ninguna Parte,
abandonamos su maldita isla embrujada,
sólo nos llevamos nuestros malos pensamientos,
sólo nos llevamos nuestros ardientes deseos,

The Flight

The events I remember now
occurred the year
La Libertad was pulled down;
they demolished facades of shacks
like cardboard walls in a clumsy
show: but what was
presented here was the Void:
the vacant lots are craters, I was thinking,
because it seemed the world, being round,
was the pit of a magnificent explosion;
one couldn't stay in the middle of No
Where, Your Grace; because of that, like
countless bodies soaked to the skin
we undertook the grueling feat of exodus:
we went down to the shore among scrap-iron,
garbage heaps, along a hillside that should have
faced the sea; it was turning our women into
mud, rain, mold, hides of lichen;
they said we were lumpen,
that we looked like dogs,
but we weren't dogs,
we were *nahuals,*
that's how we survived,
transmigrated into yellow bitches,
obliterated in blue rats,
camouflaged in will o' the wisps, magenta
fluorescence,
like rain;
and when we arrived at the deserted seawall swept by
the storm, slashed by gusts
of light,
the Demeter awaited us,
all her sails filled with wind;
we left in that direction, toward No Where,
abandoned that cursed, spellbound island,
carrying only our evil thoughts,
carrying only our burning desires,

227

sólo nos llevamos algunos ataúdes
con la roja arcilla de nuestra tierra natal,
para abrigarnos con el calor de lo Propio
en la distancia extraña.

carrying only a few coffins
with red clay from our native land
to protect us with the heat of What's Ours
in the foreign distance.

Lo primero fueron las costas de Cipango

Lo primero fueron las costas de Cipango,
pero en el sentido inverso de la creación,
en el sentido descendido del poso:
un vasto panorama pintarrajeado en el couché de una postal,
una postal descolorida de deseo,
una postal carcomida por las aves que migran al vacío,
una postal borroneados sus primeros planos por la lluvia,
los cuervos,
el silencio,
el miedo, el miedo
creciendo como un faro intermitente allá al fondo del
sentir,
"el obsesivo faro del miedo";
el abandono poblaba de poblados miserables el espacio,
el abandono era el abono de las radas de Cipango,
el abandono se erguía como risco intraspasable
coronado de caseríos desmembrándose
en tierra,
en cantoneras,
en fonolitas,
el abandono, regresaba como llovizna hacia la arena y los
rompeolas;
nosotros estábamos ocultos bajo el escotillón,
en completo silencio,
el Demeter debía parecer abandonado,
devastado también,
como las dolidas costas a las que arribábamos,
un navío fantasma habitado por la peste,
nosotros traíamos la peste de las ganas por todo contrabando,
ese era nuestro
contrabando
nuestro
intercambio,
un millón de ratas inoculadas de deseo,
un millón de ratas teñidas de azul con esmalte fosforescente,
un millón de ratas mansas con estos retazos de cultura
dentro,
un millón de ratas azules depositarias de nuestra memoria

First Came the Coast of Cipango

First came the coast of Cipango,
but in the opposite direction of creation,
in the direction descended from sediment:
a vast panorama daubed on a glossy postcard,
a postcard discolored by desire,
a postcard gnawed by birds migrating toward the void,
a postcard whose foreground is scribbled by rain,
crows,
silence,
fear, fear
growing like a flickering lighthouse at the core
of feeling,
"the obsessive lighthouse of fear";
abandonment was populating space with miserable towns,
abandonment was manure for Cipango's harbors,
abandonment was rising like an impassable cliff
crowned with villages collapsing
into earth,
into streetwalkers,
into phonolitic rocks,
abandonment was returning like a drizzle over sand and
seawalls;
we were hidden below the hatch,
completely silent,
the Demeter must have looked abandoned,
devastated too,
like the miserable shore we were approaching,
a ghost-ship inhabited by plague,
we carried the plague of desire for all contraband,
that was our
contraband,
our
exchange,
a million rats inoculated by desire,
a million rats stained blue by phosphorescent varnish,
a million tame rats with scraps of culture
inside them,
a million blue rats the receptacles of our memories,

toda;
algunos ataúdes con tierra de nuestra aldea natal,
también traíamos,
algunos ataúdes de madera de pino para abrigarnos con el
calor de la propia muerte en tierra extraña;
no traíamos mujeres ni relicarios ni espejos,
nada que obliterara el Ser, la identidad;
pero yo traía un talismán,
el amuleto era un retrato oval de Aurelia,
opiáceo,
tenue,
lúgubre fulguraba entre mis dedos en las noches más densas,
cuando el mundo se hacía mar, cuando
el pensamiento se hacía mar, mar,
mar hasta las concavidades más perdidas de nuestros cráneos;
fue así como se nos aparecieron
las costas de Cipango,
flamígeras,
desmoronadas
como banderas sobrevivientes y en derrota
entre las aristas
de las
rocas.

all of them;
we also brought
some coffins with earth from our native towns,
some pine coffins to coat ourselves with the
warmth of a proper death in a foreign land;
we didn't bring women, reliquaries or mirrors,
nothing to obliterate Being, our identity;
but I brought a talisman,
the amulet was an oval portrait of Aurelia,
drugged,
tenuous,
it glowed mournfully between my fingers on the heaviest nights,
when the world was becoming sea, when
thought was becoming sea, sea,
sea as deep as our skulls' most forgotten hollows;
that was when Cipango's coast
appeared to us,
throwing flames,
dissolved
like a flag of survivors and surrender
between the arrises
of the
rocks.

Imprecación al deseo

Con la soledad en el pensamiento,
sin razón,
ni matemática,
ni mapamundi,
sólo un millón de ratas falsas azules
inoculadas de deseo y con nuestra memoria
programada por sus bestiales cráneos;
íbamos en pleno vientre del Demeter al
poniente de Cipango
donde debía estar Aurelia,
raída y pálida,
como una imagen recién salida del planisferio
del Penthouse,
rezumante, fétida a tinta;
a los cuerpos imaginarios siempre se llega como a una isla;
después de tantas millas de descenso solitario,
yo me envolvía la verga con el pañuelo de seda de Kirillov,
este mismo que me ciñe ahora la arrugada frente,
con este pañuelo me proporcionaba un poco de placer,
me afianzaba el goce
en esta altamar de terror;
también traíamos algunos tesoros,
siete obispos disecados,
siete ciudades en miniatura,
algunas indias en sal,
y esos ataúdes con la roja arcilla de nuestra aldea natal;
el translúcido Demeter crujía como un catre de hotel
por los torrentes de los desagües,
nosotros traíamos la peste envasada en azules ratas,
puros efectos especiales,
pero era peste real la que traíamos en lo hondo,
la peste del deseo,
la peste del amor,
la peste del alma,
nuestra brújula era el retrato de Aurelia,
oval como lo desconocido,
sulfuroso como lo que no es deste mundo,
y el deseo, repito, el deseo,

234

Imprecation to Desire

With solitude in our thoughts,
without reason
or mathematics
or world maps,
only a million fake blue rats
inoculated by desire and our memories
programmed by their bestial skulls;
we were sailing in the Demeter's full belly
to the west of Cipango,
where Aurelia should have been,
worn and pale,
like a freshly printed image
from a *Penthouse* map,
oozing, fetid with ink;
one always reaches imaginary bodies as if they were islands;
after thousands of solitary plunges,
I wrapped my cock in a Kirillov silk handkerchief,
the same one now cinching my creased forehead,
with this handkerchief I gave myself some pleasure,
I guaranteed myself some fun
on this high sea of terror;
we also brought a few treasures,
seven desiccated bishops,
seven miniature cities,
some Indian women packed in salt,
and those coffins carrying red clay from our native town;
the translucent Demeter creaked like a hotel cot
from the flooding drains,
we carried a plague bottled in blue rats,
just special effects,
but we carried a real plague deep inside,
the plague of desire,
the plague of love,
the plague of the soul;
our compass was the portrait of Aurelia,
round as the unknown,
as sulphurous as something alien to This world,
and desire, I repeat, desire,

se cree que al final hallaremos mala muerte,
degollados en las faldas de los Andes
sólo porque algunos confundieron con el mal
nuestra ferviente imaginación.

people think we'll finally meet a bad end,
our throats slit in the foothills of the Andes
just because some confused our fervent visions
with evil.

Teoría de la percepción

Cuidado, el Demeter no es la nave de los locos,
es una barca baldía,
susurraban entre los riscos y los rompeolas
los hombres aventados junto al mar;
cuidado, una cubierta sin un alma, barrida por las olas,
un muerto de espanto amarrado al timón,
un mastín enloquecido que va a correr tierra adentro,
un diario del terror
encerrado en una botella;
un reflector lo alumbraba todo,
pero lo que aparece engaña;
apareció una cascada de cuentas luminosas,
iridiscentes,
que rodaron con la resaca,
ágatas o lapislázuli;
son ratas, dijo alguien,
no puede ser, las ratas no son azules;
era la hora de la pleamar,
pero las olas arreciaban con violencia;
son mujeres, dijo uno,
no creas, las mujeres no reptan, no chillan,
ese chillido es el viento entre las velas,
el agua rasgando las jarcias;
los reflectores trastrocan los objetos en movimiento,
¿te fijas?
es un mastín, le brillaban los ojos,
es pura pedrería,
vidrio engastado por el mar,
el muerto debe haberse amarrado al timón con los dientes,
no es un mastín, es el nahual, no,
es una perra amarilla,
una quiltra famélica,
corrió entre los caseríos de la caleta y se perdió
monte adentro,
una perra amarilla llamada Aurelia; no,
la perra amarilla era Natividad Quintuche y buscaba
abrigo como una muñeca desamparada,
le habían hecho las tetitas a la fuerza,

Theory of Perception

Be careful, the Demeter is not the ship of fools,
it's a waste-ship,
they were murmuring between seawall and cliffs,
castaway men next to the sea;
be careful, it's a soulless deck swept by waves,
a man dead from fright lashed to the helm,
a crazed mastiff about to race inside the earth,
a diary of terror
sealed in a bottle;
a searchlight illuminated everything
but what appears deceives;
a cascade of glowing rosary beads appeared,
iridescent,
agates or lapis lazuli
rocked by the surge;
they're rats, someone said,
they can't be rats, rats aren't blue;
it was the hour of high tide,
but the waves swelled violently;
they're women, one of them said,
don't believe it, women don't crawl like that, or shriek,
that shriek is wind between the sails,
water tracing the ship's rigging;
searchlights interchange moving objects,
see what I mean?
it's a mastiff, they lit up its eyes,
it's just fake jewels,
glass wasted by the sea,
the dead man must have lashed himself by his teeth to the helm,
it isn't a mastiff, it's a *nahual*, no,
it's a yellow dog,
a ravenous little cur,
it ran between villages along the coves and got lost
inside the mountain,
a yellow bitch named Aurelia, no,
the yellow bitch was Natividad Quintuche, looking for
shelter like a homeless little doll,
they'd forced her titties

239

como si fuera de cera,
estuvo oculta en el King Hotel de Cipango
acezando,
embarró los 4 muros de la celda con su chocolate menstrual,
duele, ladraba;
después escribió con rouge en el espejo del ropero:
SOLO SE RUEGA RESPETAR
LA ESCENOGRAFIA DE MI MUERTE

as if they were wax;
she was hidden inside Cipango's King Hotel,
panting,
she splashed the 4 walls of her cell with her menstrual chocolate,
barking in pain;
later, with rouge, she scrawled on her dresser mirror:
YOU ARE ONLY REQUESTED TO RESPECT
THE STAGE-SET OF MY DEATH

Diario del terror encerrado en una botella

Más nieblas
en la bodega hay cajas
cajas como manufacturas con arcilla
no se puede atravesar las cajas
nos zarandea un maelstrom
entramos en el Bósforo
mar de Sudamérica
cada vez el tiempo indica medianoche
cuando consultamos los instrumentos
todo cruje
no hay tiempo para el miedo
no hay tiempo para el miedo
no hay tiempo para el miedo
los hombres parecen haber olvidado su miedo
pero en la bodega hay cajas
cajas como de una arcilla impenetrable
sólo se puede moverlas de un lado a otro
de la pieza sin ventanas
más nieblas
el sol no puede penetrarlas
ahora casi todo ha terminado
sé que ya amanece porque los sentidos se me
multiplicaron
con lo oscuro
no me atrevo a ir abajo
en la bodega hay cajas
cajas como manufacturadas con arcilla
no podía atravesar las cajas
sólo moverlas por la pieza hermética
de un lado a otro
tal vez encuentren la botella
tal vez encuentren la botella
la última vez que dormí soñé con las cajas
soñé con la arcilla de las cajas se transparentaba
pero a medida que la arcilla se hacía
transparente
mi mirada se desenfocaba
pude ver unos cuerpecitos azules fluorescentes

Diary of Terror Sealed in a Bottle

Besides fog
in the ship's hold there are boxes
boxes like factories filled with clay
you can't walk across the boxes
a maelstrom jostles us
we enter the Bosphorus
sea of South America
each time we consult our instruments
the weather says midnight
everything creaks
there isn't time for fear
there isn't time for fear
there isn't time for fear
men may have forgotten their fear
but in the ship's hold there are boxes
boxes like impenetrable clay
you can only move them from one side to the other
of the windowless room
besides fog
the sun can't penetrate them
now almost everything has ended
I know it's sunrise because my senses
multiplied
in the dark
I don't dare go below
in the hold there are boxes
like boxes manufactured out of clay
I couldn't walk across the boxes
only move them from one side to the other
of the hermetic room
maybe they'll find the bottle
maybe they'll find the bottle
the last time I slept I dreamt of the boxes
I dreamt the clay of the boxes was becoming transparent
but as the clay became
transparent
my vision blurred
I could see little blue fluorescent bodies

243

proliferaban en lo transparente
más nieblas
no me atrevo a ir abajo
tal vez encuentren la botella
quizá la encuentre en la bodega
en una de esas cajas
son de arcilla transparente
ya lo fueron una vez aún sea en sueños
la arcilla puede hacerse de nuevo
transparente
yo también conozco el secreto
pero temo ir abajo
la última vez que dormí soñé con las cajas
se abrían las tapas de las cajas
se abrían las tapas de las cajas
y sé que eran cuerpos los que salían de adentro
pero no sé que tipo de cuerpos
hay muchos tipos de cuerpos
en esta indescifrable alta mar
más nieblas
cada vez
ahora se enceniza el horizonte
pero sólo con mis ojos
debo repetirme
lo que aparece engaña
la arcilla engaña
es una posibilidad
la arcilla es cristal
es otra posibilidad
pero temo ir abajo
con el horizonte lleno de ceniza
con las cajas de arcilla transparente
podría haber cuerpos
pero no sé qué tipo de cuerpos
los cuerpos a veces saltan sobre los cuerpos
los cuerpos a veces saltan sobre los cuerpos
más nieblas
temo tanto ir abajo
los cuerpos saltan sobre los cuerpos
en esta altamar indescifrable
pero yo puedo saltar a la amura
y arrojarme a lo indescifrable
la arcilla es cristal

multiplying in the transparence
besides fog
I don't dare go below
maybe they'll find the bottle
maybe I'll find it in the hold
in one of those boxes
they're made of transparent clay
they were once like that but only in dreams
the clay can turn
transparent again
I also know the secret
but I'm afraid to go below
the last time I slept I dreamt of the boxes
the lids of the boxes began to open
the lids of the boxes began to open
and I know there were bodies coming out of them
but I don't know what kind of bodies
there are many kinds of bodies
on this indecipherable high sea
besides fog
every time
now the horizon becomes ash
but with only my eyes
I should repeat to myself
what appears deceives
the clay deceives
is a possibility
the clay is glass
is another possiblity
but I'm afraid to go below
with the horizon full of ash
with the boxes of transparent clay
there could have been bodies
but I don't know what kind of bodies
sometimes the bodies leap over the bodies
sometimes the bodies leap over the bodies
besides fog
I'm so afraid to go below
the bodies leap over the bodies
on this indecipherable high sea
but I can leap over the bow
and throw myself into the indecipherable
the clay is glass

no se puede atravesar esas cajas
la arcilla sólo se transparentaba cuando las soñé
la última vez que dormí
tal vez encuentre la botella
tal vez esté en una de esas cajas
protegido por la arcilla
las demás cajas están vacías
protegido por la sombra de la arcilla
pero cuando soñé con las cajas transparentándose
pude ver unos cuerpecitos azules fluorescentes
como liceanas dispersándose por la ciudad
vistas desde lo alto
pero los cuerpos a veces saltan sobre los cuerpos
me ataré las manos a la rueda
me ataré las manos a la rueda
y me ataré a las manos esto
que El no puede mirar
no encuentro la botella
y todo esto que digo
está encerrado en la botella
yo me até las manos a la rueda
yo me até esto a las manos
porque El no lo puede mirar
todo esto que digo está encerrado en
la botella
y yo boté la botella al mar
y permanecí mirándome desde la amura
en medio del agua azul
en medio del agua azul
donde nadie puede profanarme.

you can't walk across those boxes
the clay turned transparent only when I dreamt of them
the last time I slept
maybe I'll find the bottle
maybe I'm in one of those boxes
protected by the clay
the other boxes are empty
I'll be protected by the clay's shadow
but when I dreamt of the boxes becoming transparent
I could see some little blue, fluorescent bodies
like schoolgirls dispersing through the city
seen from a great height
but sometimes the bodies leap over the bodies
I will tie my hands to the wheel
I will tie my hands to the wheel
and to my hands I will tie this
what He can't look at
I don't find the bottle
and everything I'm saying
is sealed inside the bottle
I tied my hands to the wheel
and to my hands I tied this
because He can't look at it
everything I'm saying is sealed inside
the bottle
and I threw the bottle into the sea
and from the bow kept looking at myself
in the middle of blue water
in the middle of blue water
where no one can profane me.

Asomados al valle de Cathay

Yo asediaba la ciudad de vuestros sueños
y detenía en los mercados desiertos
este puro comercio de mi alma.

—Saint-John Perse

No hay asombro como asomarse en la cresta del Mundo
al valle fulgurando ciudades;
esto es Cathay,
como en los sueños,
como en la mentira absoluta de lo imaginado,
como en la Enciclopedia Británica:
la fugacidad en este pleno parpadeo de neón,
ciudades que bastaría un soplo de placer para que,
al unísono,
se apagaran;
valdría así más la pena el valle, en total tiniebla,
como gruta,
vulva,
socavón,
cueva;
eso sí que sería Cathay abierta en el cráneo del Mundo
que hemos circunvalado hasta el asco;
así, ya nada más se podría contemplar y los ojos,
desmesurados en su asomo desde la cresta,
se irían por el vacío de lo negro
como por un túnel
de oscura mantequilla rebanando todos los pliegues hasta
el final del deseo:
así asediamos las ciudades de nuestros sueños y purificamos
el comercio, pero por lo bajo;
por el culo siempre se entra a las ciudades
perdidas
allá abajo,
en el poso del deseo;
asomados al valle de Cathay, ahora, pensamos en la
forma que va tomando este mapa de sueños absolutos,
de comparaciones al infinito,
de fulguraciones falsas,

A Glimpse of the Valley of Cathay

I besieged the city of Your dreams
and in deserted markets stalled
this pure commerce of my soul.

—Saint-John Perse

There's nothing more amazing than a glimpse of the crest of the World
above a valley flashing with cities;
this is Cathay,
as in dreams,
as in the absolute lie of what we imagine,
as in *Encyclopedia Britannica:*
fleeting amid blinking neon,
cities where a gust of pleasure would be enough to make them all
snuff out
at once;
the valley would be worth all that trouble, in pitch darkness
like a grotto,
a vulva,
a mine,
a cave;
yes, that's what Cathay would be, open inside the World's skull,
which we've surrounded until we're disgusted;
so nothing else could be contemplated and our eyes,
bold when they glimpse the crest,
would disappear through the black void
like a tunnel
of dark butter slicing all the folds until
the end of desire:
so we besieged the cities of our dreams and made commerce
pure, but from the bottom up;
one always enters lost cities
through the ass,
there, below,
in the sediment of desire;
now, glimpsing the valley of Cathay, we think about
the shape assumed by this map of absolute dreams,
of comparisons to the infinite,
of false resplendence,

de pueblos salvajes miserables de cuyo oro líquido nos
alimentaremos
para siempre,
como vampiros neonatos aferrados a la yugular
de las mansas vacas.

of miserable rural towns whose liquid gold
we will feed on
forever
like infant vampires clasping the jugulars
of tame cows.

Las vestiduras de la épica I

De regreso de las vestiduras de la épica,
constelada la Gesta de hermosos charcos de sangre,
nuestra,
de los otros,
traíamos transparentes las corazas,
desmejorado el gesto ya en el culo o en la cara,
el retrato de Aurelia por todo corazón,
imbuidas las ganas en este laberinto que en espiral se iba,
orgánico,
ventral,
de terror,
pero íbamos como por un túnel no sabemos si de sombras,
sombras chinas,
como sombra fiel nos seguía nuestro ejército de azules sombras
muertos vivos,
zombies,
ectoplasma,
como en *Roma contra Roma,*
así de serie B,
todos los muertos por el Imperio,
por nuestro querido Reino de Cipango;
pero avanzábamos, habíamos dicho no al amor y avanzábamos,
se sabe muy bien cuando se avanza aun cuando es de noche,
algo que late viscoso, marino, aquí mismo, toca,
en el bajo vientre;
se sabe muy bien cuando se avanza,
se desmoronan las fachadas si se trata de ciudades,
se aminora el horizonte si se trata de sabanas o de pampas
que aparentan oro puro,
que aquí,
ya lo habíamos dicho,
todo aparenta a la mirada;
se sabe muy bien cuando se avanza,
claro, ladran los perros, pero en Cipango siempre ladran los
perros por las noches,
de miedo ladran,

The Vestments of the Epic I

On our return from the vestments of the epic,
the Feat spangled with gorgeous pools of blood,
ours and
theirs,
we were wearing transparent cuirasses,
humiliation on our asses and faces,
a portrait of Aurelia over every heart,
this labyrinth steeped with desire that spirals away,
organic,
oozing,
terrifying,
but we left as if through a tunnel, maybe of shadows,
shadow play,
our army of blue shadows followed us like a faithful shadow,
undead,
zombies,
ectoplasm,
like in *Rome against Rome,*
like in a horror film,
all the dead throughout the Empire,
throughout our beloved Kingdom of Cipango;
but we were advancing, we'd said no to Love, and we were advancing,
one always knows when he's advancing, even at night,
something beats viscously, marine, knocks right here
in the groin;
one always knows when he's advancing,
facades crumble if it's through cities,
the horizon recedes if it's through savannahs or pampas
that appear to be pure gold,
since here,
as we've already said,
everything appears in a glance;
one always knows when he's advancing,
of course, dogs bark, but in Cipango the dogs
bark at night,
they bark out of fear

de luna,
pero avanzábamos, se sabe cuando se avanza aun sea en
círculo,
círculo a círculo.

of the moon,
but we were advancing, one knows when he's advancing even in
circles,
circle to circle.

Las vestiduras de la épica II

Todo el cuerpo metálico que traíamos sobre el cuerpo,
todo el cuerpo de metal infranqueable que jamás abandonamos
ni para tomar,
ni para comer,
ni para culear,
ni para cagar,
no bastó,
no fue suficiente protección,
y hubo que orar,
y hubo que sacrificarse,
y hubo que travestirse,
cambiar de piel;
como la oruga triste que abandona su casulla, así,
tras un cementerio metálico que crecía bajo la luna,
como las manchas de aceite en los ojos bajo la luna,
como el linóleo en las lagunas urbanas,
avanzamos,
ahora desnudos,
no cabía duda,
seguíamos avanzando,
un poco más livianos, quizás,
sintiéndonos con miedo los cuerpos abiertos en lo negro,
en lo negro de las calles,
por nuestra culpa,
por nuestra grandísima
culpa,
por tanto ruego . . .

The Vestments of the Epic II

The metallic bodies we wore around our bodies,
bodies of invincible metal we never abandoned
either to drink,
or eat,
or fuck,
or shit,
weren't enough,
enough protection,
and we had to pray,
and we had to make sacrifices,
and we had to cross-dress,
change skin;
like the sad caterpillar that abandons its cocoon, like that,
behind a metallic cemetery growing beneath the moon,
like oil stains in eyes beneath the moon,
like linoleum in urban lakes,
we advanced,
now naked,
there was no doubt,
we continued advancing,
a little lighter maybe,
feeling scared, our bodies open in the blackness,
in the blackness of the streets,
from our guilt,
from our own great
guilt,
from so much praying . . .

El primer espejismo

Este filme transcurre en la Pedro León Gallo,
la claroscura,
la madriguera,
la devastada,
la peor;
este filme transcurre desde los huesos hacia adentro,
desde la garganta hacia abajo,
desde el pensamiento hasta las vísceras,
como una bola de polvo a depositar
como toda cuenta de ahorro entre nuestras entrañas;
la Pedro León Gallo había sido borrada por el silencio,
nuestros scenarios naturales
se despintaban con la noche,
los aldeanos se habían recogido
bajo la sombra de miedo de la cruz
emblema del Cerro La Cruz;
este filme transcurre en una calle barrida de la Concepción,
Cipango,
un minuto exacto antes
del comienzo de la estación de las lluvias;
la Pedro León Gallo había sido borrada por el silencio,
el abandono posaba su culo de barro
sobre el asfalto humedecido,
el cielo se densificaba hasta la tierra
palpitando,
caliente,
gimiente,
sólo mis pasos y el temor abrían la perspectiva
desencajada de la calle,
al fondo, fondo,
apareció una mujer, la primera, azul, fluorescente,
después otra,
después otra,
o eran animales,
no sé bien,
todos esos cuerpecitos azules fosforescentes llenando
la Pedro León Gallo,
la Pedro León Rata,

258

The First Mirage

This film takes place on Pedro León Gallo street,
in chiaroscuro,
in a burrow,
completely devastated,
the worst kind of scene;
this film takes place marrow-deep,
down-your-throat,
thought-to-viscera,
like a dustball for deposit,
like all the savings accounts in our guts;
Pedro León Gallo had been blotted out by silence,
our natural stage-sets
were fading in the night,
the villagers had gathered
beneath the cross's shadow of fear,
the emblem of Cerro La Cruz;
this film takes place on a swept-out street in Concepción,
Cipango,
exactly one minute before
the rainy season begins;
Pedro León Gallo was blotted out by silence,
abandonment settled its mud ass
on wet asphalt,
the sky thickened into earth
palpitating,
hot,
groaning,
only my footsteps and fear expanded my twisted
view of the street,
at the end, the end,
a woman appeared, the first one, blue, fluorescent,
then another,
then another,
or were they animals,
I'm not really sure,
all those little blue fluorescent bodies filling
Pedro León Gallo,
Pedro León Rata,

traían la peste adentro,
la alucinante peste del silencio,
yo las miraba extenderse calle abajo como una cascada
luminosa,
muy tenue,
casi nada,
ninguna cosa,
el primer espejismo que nos atacó por la espalda
en los barridos callejones
de esta tierra extraña.

carried the plague,
the hallucinatory plague of silence,
I watched them stretching down the street like a luminous
cascade,
tenuous,
almost nothing,
not a thing,
the first mirage that jumped us from behind
in the swept-out alleys
of this foreign land.

Las utopías son putas de miedo

No a las damas, amor, nos habían dicho,
cuando en una noche al centro del valle,
en un sueño de perro,
se nos apareció el amor perfecto:
calzaba sandalias rojas de plástico transparente,
toda ella iba mojada,
el pelo libre
de caer
sobre la túnica magenta que se le pegaba a las tetitas
de perra joven:
olía a sal,
a transparencia,
a imaginación,
a hornacinas,
a trébol de cuatro hojas;
dos aros de oro puro terminados en una perla pequeñita
y perfecta
la perforaban por los lóbulos;
nosotros hicimos una cola, una larga e inacabable cola
donde ninguno acabó nunca;
yo le mamaba los pezones
por sobre la bambula magenta
de la túnica;
al final, la sentíamos por adentro, por aquí,
en el bajo vientre, toquen,
nadando como un pez fosforescente
en una redoma demasiado pequeña para sus ganas;
pero
nosotros sabíamos que las utopías son putas de miedo,
algo había que hacer para ahuyentarla.
—No tenemos patria, ciudadana, le gemimos,
—somos unos hijos de putas abiertos en el aire,
—somos Nadie gritando Nadie nos ataca:
—ámenme un poquito más —susurró la puta—
hasta que acaben en mis sábanas;
pero nosotros sabíamos que eso era un paso más hacia
la muerte,
oscura esta muerte y lenta,

Utopias are Scary Whores

Not to the ladies, love, we were told,
when one night in the middle of the valley,
in a dog's dream,
the perfect love appeared to us:
she was wearing red, clear-plastic sandals,
she was all wet,
her loose hair
falling
over a magenta tunic clinging to her young
bitch's tits:
she smelled of salt,
transparence,
imagination,
niches,
four-leaf clover;
two gold earrings tipped with perfect little
pearls
pierced her lobes;
we made a line, a long, never-ending line
where no one was ever done;
I sucked her nipples
through her tunic's
magenta silk;
finally we felt her inside, right here,
between her legs, *look,*
swimming like a phosphorescent fish
in a bowl too small for its desires;
but
we knew utopias are scary whores,
there had to be some way to scare her off.
"Madame Citizen, we have no homeland," we groaned to her,
"we're sons of bitches exposed to the air,"
"we're Nobodies, shouting No One attacks us":
"love me just a little more," the whore sighed
"until you finish in my sheets";
but we knew that was one step closer
to Death,
a dark and slow death,

263

la india cruel se nos iba abriendo
como fauce,
la muy magenta,
la pringosa,
fétida a sal, oro,
a transparencia,
a horno
a trébol de cuatro ojos penetrantes, quemados:
—ámenme un poquito más —gruñía,
mientras la noche no acababa,
la noche nunca acababa.

the cruel Indian was opening
like a throat,
deep magenta,
greasy,
fetid with salt, gold,
transparence,
like an oven,
a four-eyed clover with a piercing, burnt gaze:
"love me just a little more," she groaned,
as the night wore on,
the night was never done.

Las ardientes tardes de Cathay

Y a ese amor perfecto
que se nos apareció en un sueño de perro
podríamos haberlo llamado
Aurelia;

Aurelia, así, para que,
rayana a la locura,
fertilice todo lo falso
desta crónica;

podríamos ser uno,
nosotros, los mirones,
y Aurelia, la mirada,
para provocar el siguiente poso;

atardecía una vez más
en las
costas de
Cathay;

Aurelia caminaba entre el roquerío desta costa
meridional;
tibia en su atardecer
olía a lo húmedo, a sal;

la túnica magenta se le pegaba a los muslos salados,
no sabemos bien si a Aurelia o a la tarde,
a estas alturas del deseo los datos se confunden
con lo magro querido;

era el atardecer en las radas de Cathay
cuando el mar se estrellaba fosforescente en sus muslos
y multiplicaba los tesoros
bajo la desnudez de sus pies;

el viento se le iba por los pechos
transparentados

The Burning Afternoons of Cathay

And the perfect love
that appeared to us in a dog's dream:
we could have named it
Aurelia;

Aurelia, just like that,
so that bordering madness,
she might fertilize everything false
in This chronicle;

we could all be one,
the ones who stare,
and Aurelia, the one we stared at,
to arouse the sediment that follows;

once again, evening was falling
along
the coasts of
Cathay;

Aurelia was strolling through the rookery
of This southern shore;
heated in her evening,
she smelled of moisture and salt;

a magenta tunic lay slick against salty thighs,
whether Aurelia's or the evening's we don't know,
at this point in desire the facts are mixed
with the skinny beloved;

it was evening in the harbors of Cathay
when the sea crashed phosphorescent against her thighs
and multiplied treasures
beneath the nakedness of her feet;

wind passed over her breasts,
transparent

bajo el solar magenta
de la túnica;

entonces, abrimos los matorrales
con nuestras manos trémulas,
casi flores marinas
nuestras temblantes manos;

fue
cuando
advirtió
nuestra presencia:

"Miré hacia los rompeolas:
unos hombres se masturbaban,
vestían una coraza transparente bajo la cual sus pieles
temblaban al viento, al goce" . . .

Aurelia
desvió
la
mirada;

pero la habíamos invadido, lo sentía:
"Yo me sentía como invadida,
tragada,
succionada".

Después de la revulsión de los inicios
—todo rito tiene su precio en oro—
pasó al horror y del horror al
temblor;

"Ahora sólo quería ver
cuando ese falo
entrevisto entre las retamillas
eyaculara" . . .

Miró, pero
sólo pudo llegar con la mirada
a la altura de
mi mirada;

beneath her tunic's
sunny magenta hue;

then we parted the bushes
with quivering hands,
our trembling hands
almost seaflowers;

at that
moment
she noticed
our presence:

"I looked toward the seawall
at some masturbating men,
beneath their transparent cuirasses, their skin
quivered with pleasure in the wind . . ."

Aurelia
averted
her
gaze;

but we'd entered her, she felt it:
"I felt invaded,
swallowed,
sucked dry."

After the revulsion of initiation
—every rite bears its price in gold—
she felt horrified, and after horror
began to tremble;

"I only wanted to see
that phallus
I glimpsed through the sage
begin to spurt . . ."

She looked, but
all her gaze met
was my full
gaze;

Aurelia
vio
que
yo gozaba;

"Ahora la mirada se me ahogaba entre las cristalinas riquezas
de las rocas, las perlas, el nácar, el interior tornasolado
de las conchas, todo eso que me recordaba, blanca,
la leche".

Y Aurelia miró nuevamente,
pero orientando la mirada
como rosa del deseo
ya no a nuestros ojos animales,

sino a la altura humana del faro,
del faro hirviente
que la salpicaba
con las mil y una luminarias del deseo.

Aurelia
saw
that
I was enjoying it;

"that gaze was drowning me in the crystalline riches
of the rocks, pearls, mother-of-pearl, the shimmering interior
of the shells, everything reminded me of white
milk."

And again Aurelia looked
but turned her gaze
like a rose of desire
not to our animal eyes,

but to the lighthouse, its human height,
whose boiling light
was sprinkling her body
with a thousand and one scintillations of desire.

Fenomenología del descenso

Era fosa común en las noches de Cipango
el espejo del miedo;
estábamos en una cripta,
una fria, encalada y meridional cripta, muy blanca;
repetimos: era poso común en las noches de Cipango
los fulgores del miedo,
del "obsesivo faro del miedo";
primero, como en todos estos casos, era sólo nuestra
imaginación,
sirenas en la madrugada zambulléndose viscosas en pleno
hemisferio donde florecen las ganas,
magentas,
y ladridos,
los infatigables ladridos de los lumpen perros de Cipango;
después, susurros,
gemidos tras los postes,
algo en los semáforos
alguien o nadie, lo mismo, por los intersticios,
los umbrales,
todo el camuflaje de los soplones de Cipango;
ascuas, hermanos, neones magros fulgurando no se sabe bien
para quiénes,
desde dónde,
bajo el viejo puente o en el mismo légamo del río,
de las calles terminales;
después venía el profundo, cartilaginoso,
el ventral miedo;
nuestros cuerpos ya se habían recogido en esta precolombina,
prenatal cripta,
en este suburbio del deseo,
nuestros cuerpos se habían recogido en esos calambres
prefiguradores de la muerte,
ya se nos había hecho profunda, vertical
la parálisis del sueño:
alguien revolvía los huesos en la fosa común,

Phenomenology of the Descent

Everything turns to sediment.

—Michaux

The mirror of fear
was a common grave on those Cipango nights;
we were in a crypt,
a cold, limed southern crypt, stark-white;
we repeat: the flashes of fear
from "the obsessive lighthouse of fear"
were common sediment on those Cipango nights;
first, as in all such cases, it was just our
imagination,
at dawn mermaids diving viscously into the full
hemisphere blooming with desires,
magentas,
and howls,
the tireless barking of Cipango's curs;
afterward, murmurs,
groans behind the posts,
something in the traffic lights
someone or no one, the same difference, at fissures
and doorways,
the absolute camouflage of Cipango's informers;
embers, brothers, neon signs, meager flashes but it's not known
for whom,
or from where,
under the old bridge or in the very river silt,
from dead-end streets;
later came the deep, cartilaginous
gut-fear;
our bodies had been secluded in this pre-Columbian,
prenatal crypt,
in this suburb of desire,
our bodies had been secluded in those cramped
prefigurations of Death,
the paralysis of dreaming
had made us vertical, deep:
someone was turning over bones in the common grave,

273

la fosa común era alumbrada por la luz plana,
equinoccial,
de los reflectores;
desde una sala de proyecciones del Otro Mundo
nos pasaron una película del miedo, lúgubre,
puro Hammer Films,
como un tren fantasma, así tan falsa:
había en la pantalla del deseo una casi niña,
impúber y transparente;
había en la pantalla del miedo una puta vieja,
espesa y desdentada;
la niña era la niña que no tuvimos,
que no teníamos,
que no tendremos,
de goma,
feroz,
lactante,
mirándonos desde su ausencia a nosotros,
sus grandes ausentes;
la puta era la puta que nos parió Orompello abajo o calle
arriba,
la memoria se confunde con las ganas;
estas muñecas de goma
nos hacían venias,
como Yvette saludando al público;
la puta era la puta que nos parió Orompello abajo o arriba,
machos o hembras;
era la recién parida reclamando su leche;
(yo, como en el cuento de Maupassant, pero sin hambre
y eyaculando le mamaba).
Ella era en la pantalla ensombrecida una casi niña
pronunciando la palabra mágica,
leche,
su leche que no le podíamos dar.
¿Cómo atravesar la travesía impensable desde la cripta
al fuego,
desde la parálisis a la azul luz del gas,
desde el vacío
a las sirenas de la madrugada y los primeros asaltos de la
luz?
Pero todo transcurría en una cripta, blanca, frío, cal,
en lo más meridional del amanecer y el sueño,
en las autopistas azulinas del sueño a la vigilia,

the common grave was lit up by the searchlights'
smooth equinoxal
light;
from a projection room in the Other World
a gloomy horror movie washed over us,
like something out of Hammer Films,
like a ghost-train, that fake:
on the screen of desire an almost-girl,
pre-teen and transparent;
on the screen of fear an old whore,
heavy and toothless;
the girl was the girl we didn't have,
we'd never had,
we'll never have,
made of rubber,
fierce
and nursing,
watching us from her absence,
her great absent ones;
the whore was the whore who bore us up or down
Orompello street,
memory mixes with desire;
these rubber dolls
were making us venal,
like Yvette greeting the public;
the whore was the whore who bore us up or down Orompello street,
males or females;
she was a newborn crying for milk
(like in Maupassant's story, but without hunger,
I sucked her and came).
She was an almost-girl on the darkened screen
pronouncing the magic word,
milk,
her milk which we couldn't give her.
How could we cross the unthinkable pass from the crypt
to the fire,
from paralysis to blue gaslight,
from the void
to mermaids at dawn and the first assault of
light?
But everything was happening in a crypt, cold, white, lime
in the southern cone of dawn and dreams,
on bluish highways of vigilant dreams,

en los charcos rojos de la vigilia al temor,
en los senderos verticales del temor a la mordaza,
hacia abajo,
mar,
a lo más profundo,
cenegoso,
poso,
ya sin ojos para afuera,
abajo,
bajo vientre,
así lastrados,
muy lastrados.

in red pools of a vigil against fear,
on vertical paths of our fear of being gagged,
going down,
toward the sea,
the deepest place,
marshy,
sediment,
no longer with outer eyes,
going down,
to the groin,
ballasted like that,
weighed down.

Metempsicosis

Aunque lo hayamos dicho en otras relaciones
vale esta pena de la reiteración
para que se hagan huellas en la memoria;

eran los años de la guerra a muerte en Concepción
y como la ciudad se transmutaba en paraíso
vinieron los ritos de la expulsión;

con picotas y barrenas arrancaron los adoquines
como si fueran dientes enfermos,
tumores de una corrompida imaginación;

sólo quedó la tierra y las luces rojas
de nuestros faroles como sangrando la tierra
y cercados de mallas y señas de prohibición;

nos pusieron una escuela al frente
y la clínica Santa Mariana como un
mudo convento testigo de nuestro mal amor;

nos fuimos desmoronando
como estaba prescrito
por la prohibición;

caímos por los eriazos junto al Cementerio General,
por el Valle Nonguén
por el callejón Diego de Oro;

pero volveremos, desde los márgenes, cuando esta ciudad entera
sea margen,
en sus madres, en sus hijas, en sus diócesis;

dijeron que estábamos enfermas,
que portábamos la alucinante peste del amor,
la buena peste de la pasión;

dijeron que las ratas azules anidaban en lo más profundo
de nuestras casas,

Metempsychosis

Although we may have related this already
it's worth the trouble of repeating
so it lingers in memory;

those were years of war to the death in Concepción
and since the city was becoming a paradise
the rites of expulsion came;

with picks and drills they tore out the paving stones
like rotten teeth,
tumors of a corrupted imagination;

only earth remained and our beacons'
red lights seemed to be bleeding the earth
and close to chain links and warning signs;

they put up a school facing us
and the Santa Mariana clinic like a
mute convent witness of our evil love;

we were collapsing
as it was written
in the prohibition;

we fell by the vacant lots next to the General Cemetery,
by the Nonguén Valley,
by the Diego de Oro alley;

but we will return, from the border, when this whole city
is a border,
in its mothers, in its daughters, in its diocese;

they said we were sick women,
that we carried the hallucinatory plague of love,
the good plague of passion;

they said blue rats nested deep
in our homes,

que las ratas azules cubrirían la ciudad;

todas esas pequeñas mentiras
en provecho
de la Nación.

that blue rats would cover the city;

all those white lies
for the benefit
of the Nation.

En el Yugo, bar de Cipango

La atmósfera se densificaba hasta el azul metálico
en el Yugo,
bar de Cipango,
yo temblaba en un vértice cubierto con las 7 manchas
del deseo,
sudaba,
no conocía a ninguno,
la apomorfina me acalambraba desde el gesto al pensamiento,
el humo de Yugo me perforaba,
hacía más profundo mi descenso:
—¿Viste el Can?
Vi muchas cosas, pero me quedaban pocos recuerdos,
ese Mundo se poblaba de efectos especiales,
de espías,
gemidos varios,
siempre tanta ráfaga,
el cielo raso estaba pespuntando de hilos de oro,
el recinto estaba hecho para obliterar
la identidad en moho,
humus,
fango,
excrecencias,
recuerdo la palabra excrecencias,
no sé de dónde me vino esa palabra,
o era excelencias,
cuando me inoculaban la apomorfina yo miraba al cielo
raso, blanco,
aséptico.
Creí que algo se configuraría ahí,
un rostro,
una imagen,
habíamos navegado demasiado por un mar de alcohol puro
fulgurante de zargazos
y habíamos desembocado a la deriva
a esta pieza azul y extenuante:
"Yo soy el monje Antonin" me dijo uno desde lo azul
y me metió un chocolate en la boca;
yo no comía hacía días,

In the Yugo Bar, Cipango

The atmosphere jelled to metallic blue
in the Yugo
Bar, Cipango,
I trembled in a corner covered by the 7 stains
of desire,
I was sweating,
I didn't know anyone,
the apomorphine cramped my movements and thoughts,
the bar smoke punctured me,
deepening my descent:
"Did you see the Khan?"
I saw many things, but remembered few,
that World was peopled with special effects,
spies,
all kinds of groans,
relentless gusts,
the ceiling was embroidered with gold threads,
the enclosure was made to demolish
identity into moss,
humus,
mud,
excrescences,
I remember the word excrescences,
I don't remember where that word came from,
or was it excellences,
when they injected the apomorphine I was watching the
white, asceptic
ceiling.
I believed something would take shape there,
a face,
an image,
we'd sailed too long through a pure alcohol sea
flashing with sargassos
and we'd flowed adrift
into this blue, narrow room:
"I am Antonin the monk," someone said to me out of the blue,
as he popped a chocolate in my mouth;
I hadn't eaten for days,

querían abrirme por la piedad,
pero yo no entendía sus palabras,
hablaban en lenguas,
en un dialecto de vientre,
olían a santidad,
a peste,
estaban congregados en el Yugo, bar de Cipango,
de los más bajos fondos de Cipango,
después de navegar demasiado entre los zargazos del alcohol
puro:
"estás temblando, muchacho", dijo otro desde lo azul,
yo cerré los ojos como para siempre,
entonces me dormí y no volví a despertar,
hasta este escaso minuto
en que lo cuento.

they wanted to break me with pity,
but I didn't understand their words,
they spoke in tongues,
a guttural dialect,
they stank of sanctity,
of plague,
they were gathered in the Yugo Bar, Cipango,
in the dregs of Cipango,
after sailing too long through sargassos of pure
alcohol:
"you're trembling, young man," said someone else out of the blue,
I closed my eyes as if forever,
and then I slept and didn't wake again
until just now
relating this.

Como el Can tiene una guardia de doce mil caballeros

¿Por qué el 7?
preguntó el chesitán, el guardia fiel,
mientras el humo de su Robert Burns se esparcía
por el espacio de metal.
A mí me sudaban las palmas de las manos,
el sudario ambarino y espeso de este humo
cubría la azul alfombra afelpada y profunda
en la que se sumergían las garras de león del escritorio
donde yacía apoltronado el chesitán;
yo no dije nada,
como pude me protegía con el silencio,
por qué el 7 pensaba semiprotegido por las cortinas de seda
que impedían su acceso a mis ideas,
recordé los 7 pecados capitales,
recordé las 7 virtudes teologales,
recordé las 7 maravillas deste Mundo,
si debo hablar diré que eso es el 7, pensé,
pero había mucho más,
había este profundo silencio que me protegía,
7 eran los sellos dorados que recubrían
el núcleo de nuestra destrucción,
este número regía la mecánica
del diálogo cara a cara con la misma muerte;
no son arbitrarias las formas que asume el misterio,
pensé argumentar,
pero debía guardar silencio total
sobre todo lo que sabíamos del misterio,
los ojos del guardia fiel me escrutaban tras
la máscara del mongol,
pero mi mirada se aquietaba hundiéndose
en los repliegues y fisuras
de ese charco de cera amarilla
como un ojo de mar al atardecer;
—ser chesitán no es oficio, es herencia, me advertió
la máscara,
—tu silencio sólo te conduce a un abismo:

How the Khan Keeps a Regiment of Twelve Thousand Knights

Why 7?
asked the chesitan, the faithful guard,
while the smoke from his Robert Burns dissipated
through the metal space.
My palms were sweating,
the thick amber shroud of smoke
covered the plush blue carpet
where the desk's lion claws were sinking
where the chesitan idly lay;
I didn't say anything,
I tried to protect myself with silence,
why 7, I was thinking, half-protected by the silk curtains
blocking his entry into my thoughts,
I remembered the 7 deadly sins,
I remembered the 7 godly virtues,
I remembered the 7 wonders of This World,
if I must speak I'll say this is 7, I thought,
but there was more,
there was this deep silence protecting me,
7 were the gold seals coating
the nucleus of our destruction,
this number ruled the mechanics
of a face-to-face dialogue with Death itself;
the shapes mystery assumes aren't arbitrary,
I thought I'd argue,
but I must keep absolutely quiet
about all we knew of mystery,
the guard's eyes scrutinized me through his
mongol mask,
but my gaze calmed, sinking
into the fissures and folds
of that pool of yellow wax
like the sea's eye at sunset;
"To be a chesitan isn't a job, it's a birthright," warned
the mask,
"your silence will only lead you to an abyss":

las palabras se esparcían,
se desintegraban llenando el espacio metálico de acústicas
premoniciones,
la muerte iba cuajando ahí,
el humo del Robert Burns densificaba el Mundo ahí condensado,
esta precisa figura que nos contenía
se apoyaba sobre la azul alfombra
en cuatro garras de ébano oscuro,
tenían filigranas de oro,
tallados que más tarde describiré,
la cera amarilla de la máscara
ondulaba como un mar de zargazos marchitos
cuando la máscara profería palabras:
—no olvides la protección que te he brindado,
dijo al final,
antes de oprimir el interruptor de la lámpara,
antes que la máscara comenzara a parpadear,
fantasma,
apagándose con el brillo de un flash cuyo ser instantáneo
relampaguea de una vez para siempre
en el firmamento profundo de un callejón;
—no olvides la protección qu te he brindado,
repetía la máscara
como la huella indeleble de un sol muerto;
después,
una mano del mismo material de las sombras
me metió un chocolate en la boca, uno más,
porque yo no comía hacía días.

the words scattered,
disintegrating, filling the metallic space with acoustic
premonitions,
Death was curdling there,
the smoke from his Robert Burns thickened the World condensed
    there,
this precise figure that contained us
laid its weight on the blue carpet
with four dark ebony claws
adorned with gold filigree
worked in a way I'll describe later,
the mask's yellow wax
undulated like a withered sargasso sea
when the mask proffered words:
"Don't forget the protection I've offered you,"
it finally said,
before punching the lamp switch,
before the mask began to blink,
a ghost,
shutting off with a flash, its fleeting life
lit up once and for all
in the deep firmament of a blind alley;
"Don't forget the protection I've offered you,"
the mask repeated,
like the indelible trace of a dead sun;
later,
a hand drawn from the shadows
popped a chocolate in my mouth, then another,
because I hadn't eaten in days.

Discurso de Marco frente al Can

ME PARARON AL FRENTE, ME DIJERON
HABLA
Y HABLE:

Qué dije, no recuerdo claramente qué dije,
me habían inoculado apomorfina,
repelentes contra el burbujeante deseo,
ese líquido se iba como petróleo por el rojo mar de mis
arterias,
pero dije cosas como éstas que ahora repito para mí,
en este gran silencio,
dije que el lugar sin límites estaba dentro de mi cráneo,
que afuera el mundo era un cubo,
un puto cubo,
antes yo creía que el mundo era una esfera,
una perfecta, ventral y podrida esfera;
pero no,
para demostrarlo dibujé con mis manos en el aire,
frondosos universos,
fluorescentes espejismos,
sobre la feroz tapicería que recubría los muros incandescentes,
sobre el hierro candente,
con estas mismas manos ahora inmóviles,
dibujé;
pero no tenía axiomas, ni monadas, ni dialéctica,
sólo fulgores; por eso tracé recuerdos,
remotas decepciones,
máscaras ancestrales,
el horror cerval,
engañé,
sobre todo engañé o creí engañar,
mis palabras eran oropel, pedrerías, oro falso
por el aire,
la monstruosa tapicería
afuera de mi cráneo sólo había el gran cubo,
el puto cubo celeste
donde rugía el mar, gélido, el viento, fétido, la muerte,
saqué miedos de mi infancia como palomas grises,

Marco's Discourse Before the Khan

THEY STOOD ME IN FRONT, THEY TOLD ME
SPEAK
AND I SPOKE:

What I said, I don't remember clearly what I said,
they'd injected me with apomorphine,
repellents against the bubbling of desire,
that liquid flowed like petroleum through the red sea of my
arteries,
but I said things I now repeat to myself
in this great silence,
I said the boundless place was inside my skull,
outside the world was a cube,
a fucking cube,
I used to believe the world was a sphere,
a perfect oozing, rotten sphere;
but no,
in order to demonstrate I raised my hands and drew
leafy universes,
fluorescent mirages,
on the fierce tapestry covering the incandescent walls,
on white-hot iron,
with these same hands that are now immobile,
I drew;
but I didn't have axioms, monads, or dialectics,
only radiance, that's why I traced memories,
remote deceptions,
ancestral masks,
the antlered horror,
I deceived,
above all I deceived or thought I did,
my words were tinsel, tawdry stones, fake gold
through the air,
the monstrous tapestry,
outside my skull there was only the great cube,
the fucking celestial cube,
where the icy sea was roaring, the fetid wind, and Death,
I pulled out my childhood fears like gray pigeons,

291

miedos magros que se desplumaron sobre la roja alfombra
sin siquiera sobrevolar un metro,
hablé de un mendigo de Cipango, Marco,
Marco porque había venido allende al mar,
Marco porque era un vagabundo,
todo mendigo es un vagabundo, argumenté pobremente,
tuve que citar los clásicos para mantenerme lúcido,
lúcido,
"la muerte es una puta caliente", dije,
"es el ya no saber pensar", dije,
"llanamente se cumplió lo que dijo Isaías", dije,
y abrí mis manos
y salieron millones, millones de ratas azules y falsas
entre las sedas y la carne
con todos nuestros deseos dentro;
no puedo asegurar si logré engañar a alguien,
el público me rodeaba,
en círculos concéntricos el público,
se cagaban de la risa,
me colgaban sambenitos,
me tiraban barro a lo más blanco para gozar los putas,
belle de jour, me chillaban,
culiados, pensaba yo,
yo quería engañarlos a todos,
pero la apomorfina me irritaba por dentro,
me temblaba la voz,
estaba muy pálido,
me delataba cada verbo espeso,
cada grandilocuente interjección.

scrawny fears molting on the red carpet
without flying even a meter over it,
I spoke about a beggar from Cipango named Marco,
Marco because he'd come from beyond the sea,
Marco because he was a vagabond,
every beggar is a vagabond, I argued poorly,
I had to cite the classics to remain lucid,
to shine,
"Death is a torrid whore," I said,
"it's not knowing how to think anymore," I said,
"what Isaiah prophesized clearly came to pass," I said,
and opened my hands
and millions came out, millions of fake blue rats came out
between silk and flesh
with all our desires inside;
I'm not sure if I deceived anyone,
the audience surrounded me
in concentric circles,
pissing from laughter,
they hung Sanbenitos on me,
they flung mud at my whitest parts to amuse those assholes,
belle de jour, they shrieked at me,
up your asses, I thought back,
I wanted to deceive them all,
but the apomorphine chafed me from inside,
my voice trembled,
I was very pale,
I was denounced by every heavy verb,
every grandiloquent interjection.

Donde se habla del palacio del Can

¿Alguien vio el palacio del Can?
No era un palacio,
era una madriguera: recordemos:
estábamos en la representación silenciosa de un pozo,
nada de esto estaba en las esferas,
en las pinturas de mapamundos,
todos los deseos se congregaban ahí,
había fotografías que ilustraban todos los aspectos de lo
maravilloso,
oro en las sábanas,
oro en las rajas,
oro hasta en las sombras,
avanzábamos por corredores ensortijados de riqueza,
la riqueza era inimaginable,
la forma deste Mundo hacía su Ser desde la riqueza,
pero el fuerte olor del rojo se difundía sobre las
confusas pinturas de sangre,
ojos misteriosos te miraban desde las tumbas,
el oro se atesoraba en las tumbas,
a nosotros nos tiraban mano por unas cuantas pepitas
miserables,
nos miraban por lo bajo,
cien ojos,
mil ojos,
un millón de ojos,
brillaban con un resplandor lúgubre,
nuestra imaginación no podía admitirlos como reales,
todo esto transcurría sobre una micro en la madrugada,
yo despertaba de una atroz borrachera
en una micro Chiguayante-Talcahuano,
una micro fantasma fétida a vientre,
vi algunas imágenes tras los cristales temblorosos,
difusas,
el erotismo triste, dulce de las madrugadas,
La Libertad erradicada,
el baldío en lugar de las mediaguas,
aclaraba muy lento,
al final desembocamos en otro corredor,

In Which They Speak About the Khan's Palace

Did anyone see the Khan's palace?
It wasn't a palace,
it was a burrow, let's remember that:
we were in the silent representation of a pit,
none of this was in the spheres,
in paintings of world maps,
all desires were gathered there,
there were photographs that illustrated all aspects of
marvelous things,
gold in the sheets,
gold in the cracks,
gold even in the shadows,
we advanced through corridors coiled with riches,
unimaginable riches,
This World forged its Being from those riches,
but a powerful red smell spread over
confused paintings of blood,
mysterious eyes watched you from the tombs,
gold was hoarded in the tombs,
they flung out their hands for a few miserable
seeds,
they watched us from below,
a hundred eyes,
a thousand eyes,
a million eyes
shone with a gloomy radiance,
they couldn't be real,
all this happened on a bus at dawn,
I woke from a horrible drunkenness
on the Chiguayante-Talcahuano bus,
a ghost bus that stank of bad gas,
through the rattling windows, I saw blurry
images,
the sad, sweet eroticism of the dawns,
La Libertad eradicated,
a vacant lot instead of shacks,
it was slowly clearing,
we finally flowed into another corridor,

295

uno más,
aparecieron muros,
se trastrocó la luminosidad,
tal vez todo eso era un tren fantasma,
una feria vieja
en pleno Chacabuco 70,
no sabemos bien,
el Mundo estaba hecho de escenarios giratorios,
la identidad estaba hecha de escenarios giratorios,
el baldío estaba rodeado de muros,
cinturas sucesivas de murallas,
había corazones sangrientos pintados sobre las murallas,
toda esta madriguera confinaba tramontana con una última
muralla;
decían que las paredes de las salas estaban cubiertas
de oro y lapislázuli,
decían que en los muros había pintadas
estupendas películas pornográficas;
pero todo esto se configuraba en el cielorraso, como nube;
estábamos varados,
estragados,
friolentos,
un cigarillo húmedo se dispersaba en un sanguinolento
charco
al centro del pasillo metálico,
el lapislázuli se obliteraba en moho,
el oro, en un amanecer lento, lluvioso;
pero en este amanecer
los palacios se multiplicaban encima del agua,
de un palacio a otro había puentes,
recordamos muy bien que había puentes
que cruzaban
el agua.

then another,
walls appeared,
the luminosity reversed itself,
maybe all this was a ghost train,
an old market
in the middle of Chacabuco 70,
we aren't sure,
the World was made of rotating sets,
Identity was made of rotating sets,
the vacant lot was surrounded by walls,
successive belts of city walls,
there were bloody hearts painted on those walls,
this whole burrow bound the tramontane with a final
wall;
they said the walls of the drawing rooms were covered
with gold and lapis lazuli,
they said the walls were painted with
stupendous pornographic films;
but all this appeared on the ceiling, like a cloud;
we were stranded,
devastated,
shivering,
a wet cigarette fell apart in a bloody
pool
in the middle of the metal hall,
the lapis lazuli vanished into mold,
the gold melted in a slow, rainy dawn;
but in that dawn
palaces multiplied over the water,
from one palace to another there were bridges,
we remember very well there were bridges
crossing
the water.

¿Viste al Can?

A Su Santidad, lo Falso

Es sólo que el poso sedimentó en mí,
mugió
porque transmigraba vertiginoso
en su urna de cristal polarizado
en todas esas alimañas,
las más bajas,
las que en vida tanto aborreció:
mis últimas palabras deben hablar de amor, maulló,
aunque sea para abajo,
aunque mi fe sea sólo este instante
constituido por múltiples espejismos
que chocan entre sí
como átomos disímiles
de una constitución
imposible de precisar;
mis últimas palabras deben ser amor;
pero sus palabras, hidropésicas, atronantes, vastas,
eran una fotografía velada del pecado original:
la mirada, pensaba yo,
testigo presencial destos hechos,
todo el Mundo reside en la mirada,
es todo lo que recuerdo ahora,
yo lo había visto,
allá arriba,
blanco,
casto,
agonizante,
parecía de juguete,
pero el juguete era yo:
ahora que ya se me olvidó el pensar
puedo narrar todo esto sin asco,
sin rencor,
sin pesar;
otra vez, tantas veces, desplegaban a lo Cecil B. DeMille
una deslumbrante pedrería medieval,
por las avenidas,

Did You See the Khan?

to His Holiness, Everything False

It's only that silt sedimented in me,
he roared,
because he was transmigrating dizzingly
in his polarized crystal urn
into all those vermin,
the lowest of the low,
those he despised so much in life:
my final words should speak of love, he mewed,
even if it's only for the meanest places,
even if only for an instant
my faith consists of multiple mirages
colliding into each other
like dissimilar atoms
with an indefinable
composition;
my final words should be love;
but his words, dropsied, thundering, vast,
were a blurry photograph of original sin:
a glance, I thought,
attendant witness of These deeds,
the whole World resides in a glance,
that's all I remember now,
I'd seen him,
there, above,
white,
chaste,
dying,
he looked like a toy,
but the toy was me:
Now that I've forgotten how to think
I can tell this without disgust,
rancor,
or sorrow;
once again, so many times, they displayed à la Cecil B. DeMille
dazzling medieval jewels,
down the avenues,

por las poblaciones,
por los campos chilenos,
por los ríos:
él abrió las manos como sendas cortinas de carne blanca, cruda,
y exhibió impúdico esas palmas,
esas palmas zurcadas de vías, autopistas y callejones
entrecruzándose en vértices inexactos:
ahí, en el centro de su palma había una joya engastada,
muy linda,
esta joya resplandecía por sus múltiples aristas y superficies,
este brillo era su Ser,
todo lo demás se reducía a la incorporeidad,
todo lo demás se ensanchaba hasta la incorporeidad,
todo lo demás eran desvíos hacia la puta incorporeidad,
esto sucedía en un baldío de Cipango una tarde de abril,
1987.
La última tarde de sol para ese otoño en Concepción,
moría la estación del oro en Quinsay,
pero la joya palpitaba en su palma abierta como un sangriento
corazón salpicando el aire,
pero era sólo por los efectos del sol declinante,
pero era sólo porque la luz del sol
atravesaba un cúmulo rosado y lejano,
pero todo era todo por la disposición de los espejos y el
escenario;
tal vez él lo sabría, no estoy seguro,
pero cuando ese sagrado corazón chapoteaba en el charco
albino de sus palmas como un espejismo,
una perra amarilla, entre los peregrinos,
se pasaba la lengua por las mataduras,
arrastraba el culo por las champas,
gemía con todo el miedo de los cánticos anidado en sus ojos;
perdón, ladró, es sólo que el poso tomó posesión de mí,
ya se me irá a pasar.

through the villages,
through the Chilean fields,
along the rivers:
he opened his hands like great curtains of raw, white flesh,
and flaunted his palms,
those palms furrowed with highways, roads and alleys
randomly crisscrossing:
there, in the center of his palm was a worn-out jewel,
it was lovely,
that jewel sparkled along its multiple arrises and planes,
that shining was his Being,
everything else was reduced to intangibility,
everything else stretched toward the intangible,
everything else was a detour toward the fucking intangible,
this happened on a vacant lot in Cipango on an April afternoon
in 1987.
The last sunny afternoon that fall in Concepción,
the season of Quinsay gold was ending,
but the jewel pulsed in his palm like a bloody
heart sprinkling the air,
but it was only the effect of the setting sun,
but it was only because sunlight
crossed a pink cumulus far away,
but it was all done with mirrors and
sets;
maybe he'd know that, I'm not sure,
but as that sacred heart splashed mirage-like
in the albino pool of his palms,
a yellow dog among the pilgrims
passed her tongue over her wounds,
dragging her ass over the lawn,
whining with the fear of canticles nested in her eyes;
excuse me, she barked, it's only that sediment took hold of me,
I'll be just fine.

Confesiones más o menos espontáneas

Tengo el vientre tibio
como todas las mujeres vivas.
Tengo, aún
los pechos erguidos y llenos de pulpa
y jugo,
como los chupones del bosque.
Pero no se te ocurra chupar,
no tragues,
mi leche está envenenada.
Ayer nomás tuve contacto carnal con
el Can.

More or Less Spontaneous Confessions

Like all living women,
I have a warm belly.
I even have
pert breasts full of juice
and pulp
like succulents in the forest.
But don't think about suckling me,
don't swallow it down,
my milk is poisoned.
Only yesterday I had carnal contact with
the Khan.

Confesiones más o menos espontáneas

Yo fui quien pintó los peces rojos
en las puertas de las casas de Cipango;
pero no los pinté con sangre de cordero,
como Dios manda,
sino con esmalte sintético
para darles todo el fasto de lo falso;
fui yo, a pesar de todas las interdicciones que habías
dictado tras los muros de tu ciudad magra;
nunca fui tan pleno como cuando pintaba peces rojos
en las puertas de las casas de Cipango;
todo, pese a tu absoluta prohibición,
todo pese a la red de ojos hueros que nos atisban
desde la tapa de tu ciudad del cielo;
no recuerdo de dónde apareció la idea,
no se sabe bien de dónde vienen las ideas,
sólo recuerdo que se conformaba allá al fondo,
un huevo rojo,
un tumor revuelto pegado como las sabandijas de Sardonicus
a mi cerebro.
Fue un día a la salida del cine,
de un triste y miserable cine de los bajos fondos de Cipango,
un cine inexistente de rotativos continuados
donde veía Mister Sardonicus,
de lucro se trataba este filme,
un boleto de lotería y la muerte y el miedo,
que los vampiros existen,
y esas sabandijas,
no recuerdo mucho más,
cuando salí del miedo, del blanco y negro al aire,
al color,
con el tumulto de la crueldad pegado a las pupilas,
empecé a sentir la idea acomodándose en la cuenca de mi
cráneo
como un tumor o un feto
maligno;
es tu pura imaginación, pensé.
Pero yo creo que empezó a nutrirse de mis ganas,
mis tremendas ganas,

More or Less Spontaneous Confessions

I was the one who painted red fish
on the doors of Cipango's houses;
but not with lamb's blood,
as God ordains,
but with synthetic enamel
to lend them all a false air;
it was me, in spite of the bans you'd
decreed behind the walls of your meager city;
I never felt so fulfilled as when I painted red fish
on the doors of Cipango's houses;
all in spite of your total prohibition,
all in spite of the net of addled eyes spying on us
from the cover of your city in the sky;
I don't remember where the idea came from,
it's not always known where ideas come from,
I only remember a red egg forming there
at the bottom,
a revolving tumor stuck to my brain like vermin
in *Mr. Sardonicus.*
It was a day when I was leaving the movie theater,
a sad, miserable theater in the dregs of Cipango,
a non-existent theater of continuous shows,
where I saw *Mr. Sardonicus,*
this film was about turning a profit,
a lottery ticket and death and fear,
about real-live vampires
and those vermin too,
I don't remember much more
when I left out of fear, from black-and-white into the open air,
into color,
the tumult of cruelty stuck to my pupils,
I began to feel the idea settle into the cave of my
skull
like a tumor or malignant
fetus;
it's just your imagination, I thought.
But I believe it began feeding on my desires,
my enormous desires,

a crecer allá adentro, en lo poso, orgánica,
viscosa,
rodeada de una placenta luminosa como fuego fatuo,
fluorescente;
me brillaban ya estas ganas en lo negro solitario de las
calles; algo tenía que hacer.
Amanecía
cuando tus esbirros salieron a patrullar las calles de
Cipango,
pero yo ya estaba muy oculto;
había refregado toda la noche con pasión
mis manos en las fotografías del Penthouse que
empapelan
las tablas de mi pieza:
al final, cuando esas carnes de papel
estaban ya rojas, mórbidas, esmaltadas,
con las manos limpias,
sepa, vuesa merced,
por fin, para siempre, dormí.

growing there inside, in sediment, organic,
viscous,
surrounded by a luminous placenta like a fluorescent
will o' the wisp;
those desires now lit me up in the solitary blackness of the
streets; I had to do something.
The sun was rising
when your henchmen came out to patrol
Cipango's streets,
but I was well-hidden;
I'd rubbed my hands all night with passion
over the *Penthouse* photographs
papering
my walls:
at the end, when that paper flesh
was red, morbid, enameled,
with clean hands,
Your Grace, I want you to know,
I finally slept forever.

Poiesis de la vida mejor

Yugo Bar muy adentro
las mariposas nocturnas negras
terminaron por enloquecer
no le hicieron daño a nadie
se congregaron en sí mismas tribales
y fueron a darse contra los tubos llenos
de polvo de oro que alumbraban los pasillos
buscamos una vida mejor dijeron
Aurelia se fue de ellas
se ornó se asexuó y se fue con las mariposas nocturnas negras
una vida mejor
gritaba después de tanto ron con cacao
estaba pálida como siempre después de tanto ron con cacao
en Cipango bañábamos yeguas con ron con cacao
era en un sueño al borde del alba cuando ocurría todo esto
estábamos varados
¿Qué tenía yo en la cabeza?
algunos detalles sin importancia
un charco de petróleo
bolsas negras
polvo de oro
todo esto transcurría después del deseo
en Cipango
Yugo Bar muy adentro
las mariposas nocturnas negras terminaron por enloquecer
no querían dañar a nadie
pero arrastraron a muchos
una vida mejor
soñaban por lo bajo
en estos amaneceres de la Edad de Hierro
aunque hablemos de la felicidad
¿Y después de todo esto?
Desembocamos en un túnel dorado como alcantarilla
muy fulgurante
al final vimos una perra
no podía pararse

Poiesis of the Better Life

Deep inside the Yugo Bar
the black nocturnal butterflies
finally went mad
they didn't harm anyone
they clustered in a tribal swarm
they were going to hurl themselves against the pipes
full of gold dust lighting the halls
we're searching for a better life, they said
Aurelia broke away from them
adorned herself unsexed herself and went away with the black
    nocturnal butterflies
a better life
she was shouting after so much cacao rum
like always she turned pale after so much cacao rum
in Cipango we bathed our mares in cacao rum
all this happened in a dream bordering dawn
we were stranded
What was in my head?
some trivial details
a pool of crude oil
black plastic bags
gold dust
all this happened after desire
in Cipango
Deep inside the Yugo Bar
the black nocturnal butterflies finally went mad
they didn't want to harm anyone
but they dragged many away
a better life
they were dreaming in a whisper
in these Iron Age dawns
although we may speak of happiness
what will happen after all this?
We flowed into a tunnel gilded like a resplendent
sewer
at the end we saw a bitch
who couldn't stop herself

era una perra amarilla
se pasaba la lengua por las mataduras
el miedo anidaba
en los ojos del animal.

a yellow bitch
running her tongue over her wounds
fear nested
in her animal eyes.

Notes

Part I. Danger Zones

"Danger Zones" (opening poem)
My translation of this poem is indebted to Edith Grossman's version, which appeared in *Review: Latin American Literature and Arts,* no. 49 (Fall 1994).

The refrain "long and narrow strips" (*largas y angostas fajas*) alludes to Alonso de Ercilla's epic poem *La Araucana* (1569–89). In canto 1, stanza 7, the author describes Chile as long and narrow ("norte sur de gran longura / leste a oeste de angostura cien millas") ["north to south of great length / east to west one hundred miles its width" (my trans.)].

"Yugo Bar"
The title refers to a bar in the dregs of Concepción, on Prat street, the last street before the general cemetery. The word "yoke" (*yugo*) also connotes subjection and oppression.

"Orompello II"
Orompello was a main street in the red-light district in the southern city of Concepción, Chile, during the 1970s and '80s.

"The Bridge Over the Bío Bío River" refers to the widest river in Chile, which cuts across Concepción, demarcating that city's northwest border. The river was used as a dump site for the bodies of dissidents during the Pinochet dictatorship.

The italicized "poisonous snakes" (*serpientes venenosos*) refers to Gonzalo Rojas's poem "Orompello." Gonzalo Rojas, *Antología de aire* (Santiago de Chile: Fondo de Cultura Económica, 1991), p. 58.

"Danger Zones" ("The horror invents you . . .")
"In fifteen twenty there was / a great tyrant" may be an allusion to Hernán Cortés's conquest of Mexico. This was also the year that Magellan first sighted the coast of Chile.

"Danger Zones (Final)"
"The / deaths of nineteen seventy-three": 1973 was the year of Augusto Pinochet's bloody coup d'état which initiated his dictatorship in Chile (1973–90).

"The Bodies on the Wall"
"Goya's Black Mass" is my translation of *El aquelarre,* a reference to Goya's painting of 1820–24, usually translated as *Witches' Sabbath.* It was part of the *Pinturas negras* (*Black Paintings*) series that the artist painted on the walls of his residence, the Quinta del Sordo.

Part II. Diary of Navigation

"Sea of Reflections"
Hans Bellmer was a surrealist artist known for the life-sized female dolls he constructed and photographed in the 1930s and '40s, while living in isolation in Berlin during the Nazi regime in Germany. Bellmer's first doll (1933) was the image of an adolescent girl. Bellmer's dolls could be assembled into different configurations.

"Sea of Necessity"
Cecil B. DeMille was a U.S. film director known for epics such as *The Ten Commandments* (1956).

The "Admiral" is Christopher Columbus, who was awarded the title "Admiral of the Ocean Sea" in April 1492.

"The Age of Enlightenment" (*Siglo de las luces*): during the eighteenth century in Europe, which became known as the Age of Enlightenment, philosophers including Descartes, Rousseau, and Voltaire advocated principles such as the autonomy of reason, the cosmopolitanism of intellectuals, and a rejection of nationalism. The Spanish-language phrase is also the title of Alejo Carpentier's 1962 novel, set in the Caribbean during the French Revolution. Harris uses the term ironically in this poem.

"Sea of Red Death"
Rumble Fish (1983) [translated into Spanish as *La ley de la calle*], directed by Francis Ford Coppola, was a black/white film adaptation of a novel by S. E. Hinton. The film explores the relationship between a young street thug and his brother. The only color image that appears in the film is of a pair of Siamese fighting fish admired by the protagonist.

"Sea of Piteous Pains"
"Lautréamont's Corridor": The reference is from Lautréamont's *Les Chants de Maldoror* (1869), canto 3, 5: "A grubby corridor, stinking of human thighs . . ." In Comte de Lautreamont, *Maldoror & the Complete Works of the Comte de Lautreamont,* trans. Alexis Lykiard (Cambridge, MA: Exact Change, 1994), p. 121.

Pedro León Gallo street is a street in Concepción that was named after a general.

"Sea of Incomprehensible Lights"
"Cerro la Cruz" is a hill at the end of Prat street in Concepción surrounded by poor neighborhoods; the city's general cemetery lies beneath it.

"The Night's Inhabitants"
The first line, "Converted into priests of that religion" (*convertidos en sacerdotes de esta religión*), is from Félix de Azúa's poem "Taparrabos." In José María Castellet, ed., *Nueve novísimos poetas españoles* (Barcelona: Barral Editores, 1970), p. 146.

"Undead" is a common term for zombies.

"Ginsberg's poem" refers to the Beat author's humorous poem "A Supermarket in California" (1955).

"I Have the Power"
The title, in addition to alluding to details in Columbus's 1503 letter to Ferdinand and Isabella about his fourth voyage (see "Ocean of Storms," below), also refers to

a U.S. cartoon popular in Chile during the 1980s; the character "He Man" uses this phrase as an invocation to power which is conferred on him by a magic sword that he uses to battle evil. Harris uses the term ironically here.

"Goldfinger"
Goldfinger, the title of the 1964 James Bond movie based on a novel by Ian Fleming, is also the name of the movie's notorious villain.

Ñache, the blood drunk from the slit throat of a calf just after slaughter, is a ritual drink of the Mapuche Indians.

"Cathay"
"Cathay" was the name for China that originated in the tenth to twelfth centuries; it was popularized in Europe through *The Travels of Marco Polo,* written by the Venetian traveler sometime after 1298, while he was serving time in prison, after his famed journey to Asia. Marco Polo (1254–1324) allegedly served in the court of the last Great Khan, Kublai Khan (1215–94), who was the grandson of the Mongol emperor Genghis Khan (1162?–1227). The name "Cathay" was used during the Age of Exploration (see "The Land of the Khan," below). Columbus set out on his first voyage to discover Cathay and Cipango (see below) and mistakenly believed he'd reached those lands.

"Los Prisioneros" was a Chilean rock 'n roll group popular during the 1980s.

"Cry Baby" was a song performed by U.S. rock 'n roll singer Janis Joplin in the late 1960s.

"Cipango"
"Cipango" was the name for Japan in ancient texts, particularly in Marco Polo's writings (see "Cathay," above). Columbus mistakenly believed that he'd reached Japan when he arrived in the Americas, specifically at the island of Hispaniola (present-day Dominican Republic and Haiti).

According to the author, "Poe" in the title refers to Edgar Allen Poe's story "The Pit and the Pendulum" (1842).

"The land of the Khan" refers to Cathay, the name for China that originated in the tenth to twelfth centuries and was popularized in Europe through Marco Polo's writings in the thirteenth century (see "Cathay," above).

"Ultima Thulé" was a fabled northern land described by fifteenth-century explorers prior to Columbus; more specifically, it signifies a region above the Arctic Circle, e.g., Greenland.

"Thebes"
"Cerro Caracol" is a hill near the bridge over the Bío Bío River that functions as a border in the city. While peaceful during the day, it's rife with drug trafficking and prostitution at night.

"Tropicana Nightclub"
A *pudú* is a small, deerlike animal native to Chile.

An *equidna* is a mammal similar to a porcupine.

315

"Cerro Amarillo" is a hilly park in the middle of Concepción that functions like a lovers' lane at night.

"Algiers"
According to the author, the epigraph is from one of Cervantes's plays—*Los tratos de Argel* (1582; The treaty of Algiers) or *Los baños de Argel* (1615; The Baths of Algiers); both were based on his experiences as a prisoner in Algiers.

"The Last Street"
"Genet's novel" is *Pompes funèbres* (1947), translated as *Funeral Rites*. In the novel, which is set in Paris at the end of the Nazi occupation, the protagonist mourns the death of his lover and reflects on the occupation and liberation of the city.

Part III. The Last Voyage

The title "Ocean of Storms" makes reference to Columbus's 1503 letter to Ferdinand and Isabella, in which he recounts the ordeals of his fourth voyage; these included two terrible storms, the second of which destroyed his aging ships and marooned him and his men in Jamaica for a year before they were rescued.

"On That Sea Made of Blood"
The lines beginning "I gazed upon my country's walls" are from *El parnaso español* (1648), by Spanish poet Francisco de Quevedo (1580–1645). See Quevedo's poem under that title, Kate Flores, trans., in Angel Flores, ed., *Spanish Poetry / Poesía española* (Mineola, NY: Dover, 1998), p. 145.

"Cotton Club"
The Cotton Club was a famous nightclub in upper Manhattan known for high-quality entertainment by black performers during the Harlem Renaissance of the 1920s and early '30s. The club openly catered to a white clientele; black customers were prohibited.

"The time of prohibition" refers to U.S. Prohibition during the 1920s as well as to the period of the Pinochet dictatorship in Chile (1973–90).

"Madre Tenebrarum (Melville II)"
The poem's title comes from "Mater Tenebrarum" (Mother of darkness), one of three supernatural beings responsible for all human misery in Thomas de Quincey's "Levana and Our Ladies of Sorrow"—a poem that appears in the author's *Suspiria de Profundis* (1845).

"The cargo of Senegalese slaves" and "they tore off his head" allude to Melville's novella *Benito Cereno* (1855), the action of which takes place aboard a slave ship anchored off the coast of Chile; it is a setting teeming with secrecy, oppression, and brutality. See also "The Strait of Guilt."

La negra (literally, "the black woman") is a slang expression for Death.

The Cecil Bar was a popular bar in Concepción; its decor, which included photos of jazz legends on the walls, suggested the splendor of another age. During the '80s, it was known as the Tropicana Nightclub; the only drag queen in the city performed there.

316

"Stranded"
The ship "Rights of Man" is where Melville's *Billy Budd* (1924) opens. In the novella, a sailor is accused unjustly and executed on the ship. Like Melville, Harris uses the ship's name ironically to comment here on Chile during the dictatorship.

The "Gulf of Arauco" is a gulf facing Santa María island, off the Chilean coast, the furthest point reached by the Spaniards in their occupation of Chile. Mapuche Indians killed the conquistador Pedro de Valdivia near here.

"Murder in the Plaza Isabel La Católica"
"Verses from *Leonor*": The reference is to a ballad by Gottfried August Bürger (1747–94), an author who belonged to the pre-Romantic "Sturm und Drang" movement. The poem, which mixes the theme of love and death in a gothic tone, appears in *Dracula*, when it is recited by a fellow passenger as Jonathan Harker steps into the carriage that will take him to the vampire's castle.

"Sea of the Plague"
The "Celebration of St. George" refers to the Night of the Feast of Saint George in sixteenth-century France, the night of a massacre of French Huguenots in Paris.

"Libertad" is a poor neighborhood in Concepción.

"Tucapel con Cruz" is an intersection in Concepción. The image is also a metaphorical allusion to a Mapuche chief "intersecting" with the cross, or Christianity, of the Spanish conquistadors.

Little murders is an ironic allusion to the 1971 black comedy by the same title (directed by Alan Arkin, with a screenplay by Jules Feiffer) as well as to the abuses of the dictatorship in Chile.

"Sea of Multiplications"
"Will o' the wisps" (*fuegos fatuos*) are gases formed from rotting vegetation, particularly in bogs; it's believed that they ignite spontaneously. The mysterious lights produced by these flames were said to lure travelers from familiar paths into treacherous marshes.

"Sea of Crisis"
"Santa María Island": The action of Melville's *Benito Cereno* (1855) takes place on two ships docked in the harbor of this island, located off the coast of southern Chile.

"Genet's novel" is *Our Lady of the Flowers* (1943).

"The Strait of Guilt"
"The portico of St. Bartholomew's" refers to Melville's *Benito Cereno* (1855): at the conclusion of the novella, the slave Babo is executed for his role in the revolt on the San Dominick; his head is stuck on a pole facing St. Bartholomew's Church. See also "*Madre Tenebrarum.*"

"Lake of Dreams (Tryptic)"
The tryptic suggests Hieronymous Bosch's *Garden of Earthly Delights* (1500).

"Sea of Crabs"
Tuob, caona, nosay are indigenous names for gold.

"Blood, sperm, tears, the face of a crucified man": according to the author, the image is from Genet's play *The Balcony* (1956).

"Arid Bay"
"Vanished marble" ("mármol desvanecido"): According to the author, this is an image from a poem by Eduardo Anguita (1914–1992), a metaphysical Chilean poet associated with the Generation of '38.

"The Meanings of Desire"
Columbus is the speaker in this poem and in the two that follow.

"Your Grace" signifies Isabella I (1451–1504), Queen of Castile and León (1474–1504). The reign of Isabella and Ferdinand of Aragón, the Catholic sovereigns, marked the beginning of a unified Spanish kingdom. Isabella established the Spanish Inquisition, was largely responsible for the expulsion of the Jews in 1492, and, with Ferdinand, was patron of Columbus's first voyage to the Americas (1492–93), in search of the Indies, and his subsequent ones (1493–96, 1498–1500, and 1502–4).

The Marigalante, nicknamed "Maríagalante," was Columbus's flagship on his second voyage (1493); it was later destroyed in a hurricane that struck La Isabela, the first Spanish settlement on Hispaniola.

"Viceroy of Nothing": Columbus is self-deprecatingly describing himself.

"Skinny buffoon, from the Court" is another reference to Columbus.

"Right at the door of the Franciscan convent of the Rabid one": before arriving at Court, Columbus, who was very poor, was served by Franciscan friars.

"Death smoke from the '80s" refers to tear gas sprayed at demonstrations during the Pinochet dictatorship.

"The Meanings of Alms"
Toscanelli (1397–1482) was a mathematician/astronomer/cosmographer whose writings advocating the feasibility of a western route to Asia inspired Columbus to pursue his enterprise of sailing to the Indies.

"Finis Terrae"
This Latin phrase, which means "the end of the earth," has been used throughout history to denote geographical areas such as northern Africa, Scandinavia, and Chile.

Part IV. Cipango

"The Senses of the Tale"
"The old Helicon" was the advisor to the Roman emperor Caligula (AD 12–41); the emperor was famous for his tyrannical rule and bizarre behavior.

"The Flight"
A *nahual,* in Aztec and Mayan mythology, is a protective spirit that manifests itself in the form of an animal. For conciseness, I have used the invented *"nahuals"* rather than *"nahuales."*

The Demeter is the ship that transports Count Dracula from Transylvania to England (Bram Stoker's *Dracula*, 1897).

"First Came the Coast of Cipango"
"The obsessive lighthouse of fear," according to the author, is a line by Belgian poet/ painter Henri Michaux (1899–1984). Michaux, who experimented with mescaline and other drugs and later turned toward Eastern meditation, wrote fantastic and surreal poetry.

Aurélia (1854) is a Surrealist novel by French Symbolist Gérard de Nerval (1808–55). Nerval based his heroine on an actress he'd loved unrequitedly. A dreamer and bohemian, Nerval used to walk a pet lobster on a ribbon through Paris, was later institutionalized, and committed suicide by hanging himself. His work was championed by André Breton and Marcel Proust.

"Theory of Perception"
"A crazed mastiff": In *Dracula,* when the Demeter arrives in England, an enormous dog springs off the ship, races toward the cliff where the cemetery is located, and disappears.

"The dead man lashed to the helm" refers to the corpse (i.e., of the captain) discovered aboard the Demeter, which has transported the vampire to England (*Dracula*).

Natividad Quintuche: a character in a story by Miguel Angel Asturias (*Week-end en Guatemala,* 1956).

"Vestments of the Epic I"
"Rome for Rome": This line about the decay of empires is from Quevedo's "A Roma sepultada en sus ruinas" (*El parnaso español,* 1648). For the translation, see Angel Flores, ed., *Spanish Poetry / Poesía española* (Mineola, NY: Dover, 1998), pp. 140–41.

"Utopias are Scary Whores"
"Not to the ladies, love": see canto 1, stanza 1, of *La Araucana* (1569–89), which introduces the poem's story of love and war.

"Phenomenology of the Descent"
Hammer Films was a British studio best known for its horror films, including such classics as *The Curse of Frankenstein* (1957), *The Horror of Dracula* (1958), and *The Mummy* (1959).

"Yvette greeting the public" refers to Henri de Toulouse Lautrec's 1894 painting *Yvette Guilbert Greeting the Public,* the subject of which was the famous Parisian cabaret singer and performer.

"In the Yugo Bar, Cipango"
A "chesitan" was a man who belonged to the royal guard of the Great Khan.

"I am Antonin the Monk": Antonin is the cruel monk who rapes Justine in the Marquis de Sade's novel of the same title (1791).

"How the Khan Keeps a Regiment . . ."
This title suggests book 1, chapter 9, of *The Travels of Marco Polo* ("Of the Personal Guard of the Grand Khan"). Kublai Khan reputedly kept a personal regiment of twenty thousand men. (See "Cathay," above).

"In Which They Speak About . . ."
Chacabuco 70 refers to a prison for common criminals in Concepción.

"Did You See the Khan?"
"An April afternoon in 1987": this was the date that Pope John Paul II visited Chile.

"The season of Quinsay gold" is a metaphorical reference to spring.

"More or Less Spontaneous Confessions" (second version)
"Vermin in *Mr. Sardonicus*": Mr. Sardonicus is the evil count in the horror film *Mr. Sardonicus* (1961, dir. William Castle), whose face is frozen into a grotesque death grimace.

Select Bibliography

Harris, Tomás. *Zonas de peligro*. Santiago de Chile: Ediciones LAR, 1985.

——. *Diario de navegación*. Santiago de Chile: Ediciones Sur, 1986.

——. *El último viaje*. Santiago de Chile: Ediciones Sur, 1987.

——. *Cipango*. Santiago de Chile: Ediciones Documetnas; Ottawa: Ediciones Cordillera, 1992.

——. *Historia personal del miedo*. Santiago de Chile: Planeta, 1995.

——. *Los 7 náufragos*. Santiago de Chile: RIL Ediciones, 1995.

——. *Cipango*. 2nd ed. Mexico City: Fondo de Cultura Económica; Santiago de Chile: Fondo de Cultura Económica Chile S.A., 1996.

——. *Crónicas maravillosas*. Havana: Ediciones Casa de las Américas; Santiago de Chile: Editorial de la Universidad de Santiago de Chile, 1997.

——. *Itaca*. Santiago de Chile: Ediciones LOM, 2001.

——. *Tridente*. Santiago de Chile: RIL Ediciones, 2005.

——. *Lobo*. Santiago de Chile: Ediciones LOM (Colección Entremares), 2006.